AF299620

M<sup>lle</sup> Augusta HURE

# ORIGINE ET FORMATION DU FER

# DANS LE SÉNONNAIS

## Ses Exploitations et ses Fonderies dans l'Yonne

Extrait du
*Bulletin de la Société des Sciences Historiques et Naturelles de l'Yonne*
Année 1919

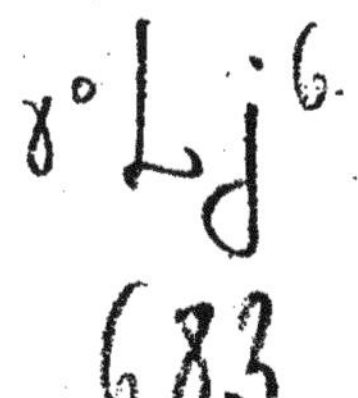


AUXERRE
IMPRIMERIE COOPÉRATIVE OUVRIÈRE « L'UNIVERSELLE »
12, Place Saint-Amatre, 12

1920

# ORIGINE ET FORMATION DU FER DANS LE SÉNONAIS

## SES EXPLOITATIONS ET SES FONDERIES DANS L'YONNE

Par M<sup>lle</sup> Augusta HURE

Depuis la guerre, les richesses de notre sol prennent chaque jour une plus grande importance économique. Aussi les problèmes, se rapportant à leurs caractères chimiques, physiques, à leur condition de gisement et d'origine, s'imposent de plus en plus à notre attention. Parmi ces problèmes; celui du fer a été l'un des plus envisagé, et à diverses reprises la Société des Sciences de l'Yonne a soulevé dans ses séances la question de l'étude de ce minerai dans les terrains de notre département. Qu'il soit question de son origine, des déchets de ses premières industries, ces faits ont donné lieu depuis longtemps à des publications régionales de valeurs diverses. A cet égard, l'ouvrage le plus complet est celui de la *Statistique géologique du département de l'Yonne*, de Leymerie et Raulin (année 1858), dans lequel une carte de l'Yonne au 1/200.000 reproduit, à la fin du volume, les principaux ferriers sous un signe conventionnel (1).

Cependant, au sujet de la formation du minerai de fer dans les terrains du Sénonais ces auteurs ne sont pas explicites. Le savant A. Peron en fait un dépôt de l'argile à silex (2); on verra combien nous serons entraînés à d'autres conclusions.

Cette question ne pouvait être, à ces époques déjà éloignées, envisagée d'une façon absolue, et aujourd'hui encore ces recherches sont difficiles à poursuivre.

Aussi ces premières données sur le fer, considérées jadis de pre-

---

(1) V. aussi *la Carte géologique départementale* de A. Leymerie et V. Raulin au 1/80.000.

(2) A. Peron, *Au sujet de l'Excursion de la Forêt d'Othe*, Bull. Soc. Sc. de l'Yonne, 1903, pp. 8, 9 de l'exemplaire.

mier ordre, deviennent tous les jours insuffisantes, et il est permis de les reprendre dans des conditions meilleures.

A l'heure actuelle, il est intéressant de se demander si nous pouvons trouver dans notre sol et dans les nombreuses buttes de scories des ressources en fer.

Si cette question des scories s'était posée il y a une centaine d'années, c'est-à-dire avant que la plupart de ces masses énormes fussent appauvries ou disparues, l'hésitation n'eut pas été de mise, car pour les mettre en valeur il aurait suffit au centre du département d'un haut fourneau à petite production permettant de manufacturer les mâchefers du pays dont le rendement se présentait sous un jour d'autant satisfaisant que ces résidus étaient abondants, fort riches en fer et parfois en manganèse. Sous ce dernier rapport les Allemands connaissaient si bien l'intérêt de ces matériaux, qu'ils trouvaient plus profitable de se les faire expédier de l'Yonne que de s'adresser à des mines manganésifères. En effet, ces produits de réaction détiennent parfois du manganèse en quantité suffisante pour payer les frais de l'exploitation, et ce sont sur ces amas que l'attention d'Outre-Rhin s'est surtout portée (1).

Toutes les buttes de scories ne contiennent pas du manganèse dans les mêmes proportions, et quelques-unes en sont presque dépourvues. On comprend l'influence que ces produits prenaient aux yeux de nos rivaux, et si la guerre n'était pas venue modifier la situation, ce qui reste des buttes du Haut-Pied, près de Joigny, de Dillo, de Saint-Sérotin et autres n'auraient pas tardé à passer peu à peu entre leurs mains.

Maintenant qu'une partie de ces buttes n'existent plus ou sont très appauvries, la chose est plus difficile à résoudre; seulement on aurait tort de négliger ce qui reste.

C'est ce qu'avaient fort bien compris des établissements industriels de l'Est de la France en envoyant pendant les années 1915 et 1916 des ingénieurs et des géologues étudier nos ressources minérales, puis examiner ce qui restait de nos résidus en fer.

---

(1) Certes, ce n'était pas pour le fer exclusivement que nos scories partaient tantôt en Belgique pour l'Allemagne, tantôt en Allemagne directement, car leur transport revenait à des prix supérieurs à celui du fer extrait en Lorraine. Seulement les scories détiennent des produits que la chimie allemande savait apprécier. Dans des fabrications spéciales de fonte, le manganèse rend des services. Ajoutons qu'il favorise au haut fourneau l'élimination du soufre.

Là gêne et les inconvénients qu'entraînait l'occupation de l'ennemi dans le bassin ferrier de Briey, et les conséquences qui pouvaient plus tard en résulter, furent les principaux facteurs de ces prospections sur notre territoire. Il est à croire que, de ce côté, la victoire est venue anéantir des projets.

Pour les ferriers la question de main-d'œuvre reste moins compliquée que pour leur transport. mais la création de petites voies ferrées locales ouvre de nouveaux débouchés, et avec celle du pays d'Othe, qui est à l'étude, les produits abondants de cette région, ne pourront qu'y gagner.

Il est à souhaiter que toutes ces modestes réserves tentent encore un industriel audacieux, sachant réaliser à l'aide d'une de nos forces hydrauliques le projet d'un très petit haut-fourneau, et il n'est pas impossible qu'une entreprise bien organisée ne puisse également tirer parti de nos gisements secondaires de minerai.

Les ferriers de l'Yonne trouveraient aussi un aliment dans leurs opérations avec les hauts-fourneaux de la Nièvre. Au besoin la vieille méthode catalane pourrait être chez nous reprise et perfectionnée pour les minerais de fer.

Avant la guerre les scories lourdes valaient 0 fr. 25 le mètre cube ; en pleine guerre elles atteignaient déjà plus de 0 fr. 60.

## ORIGINE DU FER DANS LE SÉNONAIS

Nos minerais du Sénonais se voient à l'état d'oxyde de fer hydraté désigné suivant les cas sous les noms de limonite et d'hématite. On ne les trouve pas en couche, proprement dite, mais en amas plus ou moins importants et inconstants, en fragments disséminés dans les dépôts géologiques superficiels, ce qui permet de les extraire à ciel ouvert. Inutile d'aller les chercher dans la craie, qui cependant elle aussi contient du fer. Le Sénonais n'a jamais possédé ce qu'on appelle des mines de fer.

Dans le pays, on rencontre le minerai de fer : 1º dans les terrains tertiaires où il prend naissance ; 2º à la base du limon des plateaux ; 3º dans le gravier alluvial des vallées. Ces deux dernières formations, d'âge pléistocène, se rattachent aux derniers phénomènes géologiques de la région.

Nous ne saurions trop insister sur la distinction à établir entre le minerai de fer des terrains tertiaires et celui du limon quaternaire des plateaux dépendant du premier, et dire que tous deux furent exploités aux époques de la métallurgie, quoique appartenaut à des époques différentes de formation ; les uns et les autres sont des minerais sans stratification.

Le limon des plateaux se charge à sa base de grains arrondis, de blocs de fer, arrachés à la couverture des argiles plastiques par les eaux subaériennes qui les brisèrent, les roulèrent et, n'ayant pas eu le temps de les dissoudre entièrement, les entraînè. rent dans le limon en formation. Certains points sont de véritables centres de ces produits remaniés dans lesquels il est curieux d'étudier leur concentration. Ce minerai fut le moins estimé dans la sidérurgie ancienne.

Quant au fer des alluvions, c'est celui qui, après avoir été séparé de son dépôt, s'est trouvé charrié par la violence des grands cours d'eau et mélangé aux graviers. Quoique ce minerai altéré, soit plus ou moins abondant, il ne constitue *aucun gîte exploitable* et n'intervient que dans la coloration des assises alluviales parfois sur de longs espaces.

En résumé, on peut ramasser partout sur notre sol des fragments de minerai de fer arrachés de leur initial dépôt.

Le plateau et non la vallée est donc le domaine du fer et c'est au milieu des couches tertiaires éocènes que se rencontrent ses *véritables gîtes*. Partout où l'étage Sparnacien existe on est susceptible de trouver du minerai sous différents aspects : en grains, en fragments, en amas, isolé, enfin à des niveaux variables, quelques fois même à fleur de terre.

Les grès sparnaciens, et leurs succédanés les poudingues, sont abondants dans l'Yonne et dominent sur certains points. Quelques-uns comportent dans leur cémentation des masses et des granules de fer. Vers Avallon, dans la région de Brosses, ces grès de fer (porons) ont été utilisés, car on en a trouvé ayant subi un commencement de fusion (1). Ces matériaux sont plus rares dans le Sénonais et nous ne les avons remarqués que sur le plateau du hameau les Croissants, près Sens ; vers la ferme des Sèves de la commune de Saint-Julien-du-Sault en compagnie de limonite et d'hématite, celles-ci mélangées aux galets de silex et aux sables grossiers de l'Eocène. Il en est de même de ces masses d'oxyde de fer ayant aggloméré des sables et des silex sparnaciens, et dont l'aspect est comparable aux poudingues. Dans les précédents ce sont les sables qui furent les agents cémentateurs du fer ; dans

---

(1) A. Parat, *la Métallurgie ancienne dans la Vallée de Brosses*, Avallon, 1907, p. 7.

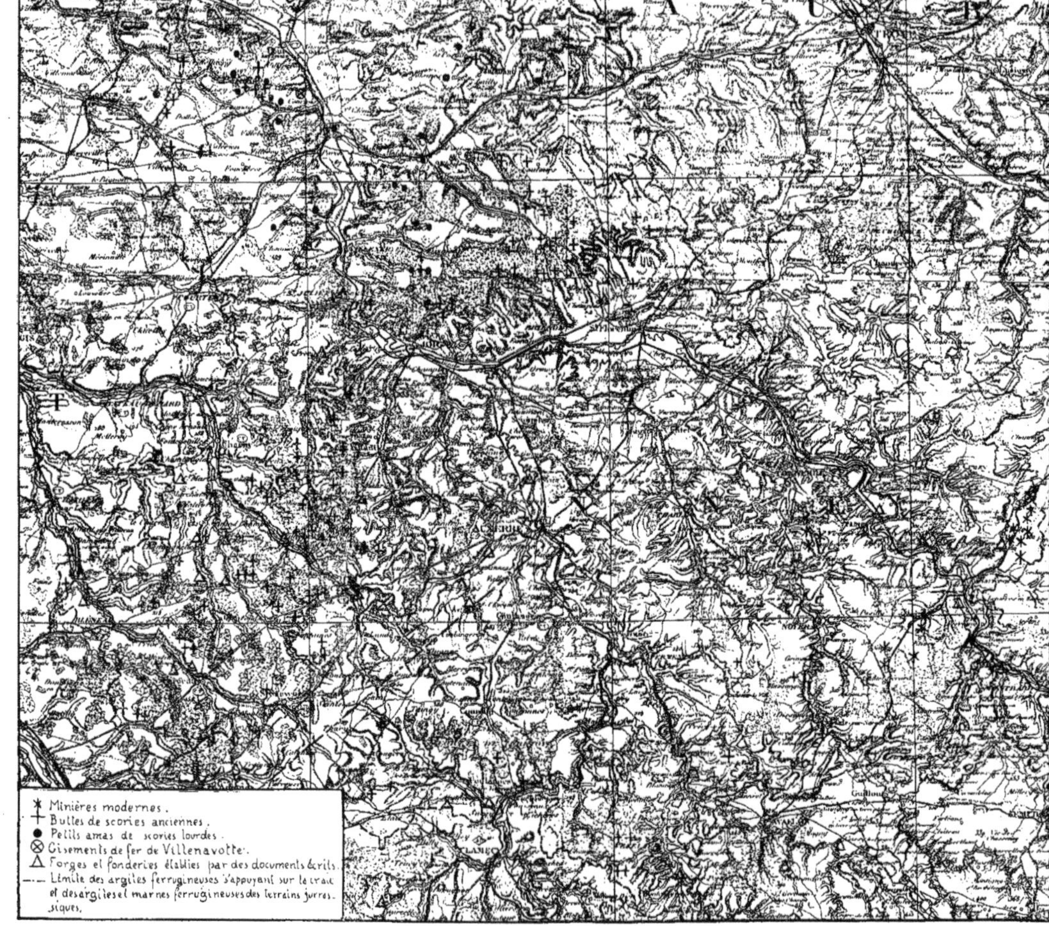


DISTRIBUTION DE L'INDUSTRIE ANCIENNE DU FER DANS L'YONNE

les seconds, ce fut le fer qui fût l'agent cémentateur des sables et des silex.

Dans une carrière du hameau des Birons, de la commune d'Arces, un banc de grès ferrugineux se détachait sur $0^m08$ à $0^m15$ de hauteur, au-dessous de 4 mètres de sable blanc et rouge. La teneur de ce grès en fer est trop faible pour penser que de semblables roches purent répondre aux besoins de la sidérurgie. Ces sablons bruns agglomérés devaient exister sur quantité de territoires, se retrouvant désormais assez fréquemment dans les cultures.

C'est dans l'argile plastique que nous avons observé de préférence les dépôts de limonite, minéral à contours informes, anguleux, avec au centre des nodules mamelonnés, aux concrétions ferreuses, analogues à la limonite de l'argile plastique du Montois, un de ses principes les plus colorants (1).

Vers la ferme du Champ-Bâlay, au-dessus de l'Enfourchure, nous avons receuilli de la limonite très lourde à poussière jaune en pleine glaise ligniteuse dans des fouilles de prospection opérées par la Société exploitante des lignites de Dixmont ; on en rencontre dans les argilières des briqueteries environnantes.

Au contraire, les sables grossiers semblent propices au fer hydroxydé en plaquettes, en rognons, en fragments, en granules de limonite et d'hématite.

Vers Arces, Dixmont, Dillo, Villechétive, etc., la limonite brune et jaune se trouve de même en grains, en fragments, fait d'ailleurs partout observable dans l'Yonne.

Toutes les assises sparnaciennes sont loin d'être fertiles en fer, et le nombre en est grand qui ne possède aucun de ces éléments visibles. A côté de cela, certains points furent de véritables centres d'attraction où le fer a joué un rôle important, formant aujourd'hui des dépôts isolés. La présence et la teneur du fer varient donc excessivement.

La répartition du fer n'offre aucune relation générale régulière avec la topographie souterraine, c'est-à-dire avec l'emplacement de plis dont les synelinaux forment souvent les régions aux argiles puissantes.

---

(1) Abbé Poirier, *Argile plastique du Montois*, Bull. Soc. Géol. Fr. 1885, p. 73. — Les territoires de Provins, une partie du Loiret, de l'Aube... sont également compris dans le groupe indivisible de l'argile plastique.

Dans la légende explicative de la feuille géologique de Sens au $1/80.000^e$, édition 1906, M. H. Thomas fait déjà du minerai de fer une formation contemporaine du sparnacien.

Quand on parle des gisements de fer dans l'Yonne, on peut croire qu'il s'agit de coupes réglées, déterminant un horizon, ce qui n'est pas, et nous ne possédons que des amas de minerai plus ou moins exploitables, puis des blocs disséminés, parfois réunis en petits groupes, et des granules dans les masses argileuses et sableuses sparnaciennes.

Bien que le fer se rencontre un peu partout, nous redisons qu'il n'est pas en général rémunérateur, et à notre époque nous ne pourrions remuer des hectares de terre pour en posséder quelques tonnes, à l'instar des temps anciens ; ce qui prouve qu'on ne peut trouver toujours un gîte intéressant là ou plus d'une fois on a reconnu la présence importante de scories.

Ces petits gisements, inégalement distribués, sont masqués par l'humus, par la végétation forestière, d'autres fois par la nappe siliceuse du limon, de l'argile à silex superficielle, et rien de plus difficile que de les repérer. Le hasard est le plus souvent facteur de leur découverte, et on ne saurait ainsi les mettre en parallèle avec les gisements par couches et par filons.

Toutefois, notre département ne saurait rester indifférent à une question qui, à côté de son domaine scientifique, peut entrer pour une part, si petite fût-elle, dans son domaine économique, d'autant que ces minerais s'obtiennent sans grands puits ni galeries.

### FORMATION DU FER

L'argile plastique est d'une formation assez complexe et constituée d'éléments qui ne peuvent être trop distingués dans le temps, ni dans leur position ; en général elle est déterminée par des sédiments vaseux et arénacés. A l'époque sparnacienne, des lagunes recouvraient une grande partie du Sud du Bassin parisien et les sédiments argileux se sont déposés dans des eaux peu profondes.

*La position du minerai indique qu'il s'est formé dans ces argiles mêmes.*

Pour la présence du fer au centre des argiles, des conjectures diverses furent soulevées et peuvent être encore de nouveau posées.

Ce fer, en solution dans les eaux chargées d'acide carbonique de l'Eocène, dut avoir des rapports, ainsi que les galets de silex, avec la destruction de roches diverses: calcaire, craie, et avec des matières organiques que fournissaient les lagunes sparnaciennes. Comme les argiles plastiques contiennent sur des points de la

pyrite en abondance (le Laonnais, le Soissonnais, à Vaugirard...),
on prétend que ce minéral, étant d'une décomposition facile,
donna naissance à la limonite ; cela se peut, mais dans les marais
actuels, il se forme des dépôts ferrugineux (fer des marais) sans
l'intermédiaire de pyrites et où le fer est fixé par l'intermédiaire
également d'une diatomée (gallionella ferruginea).

Il faut dire que la résistivité électrique d'une eau est d'autant
plus faible que celle-ci contient plus de sels dissous. L'hydro-
logue M. Diénert a reconnu que les eaux de l'argile plastique
présentent une grande diversité de minéralisation ; la résistivité
électrique reste influencée par le jeu des proportions de tous
ces éléments et peut être excessivement réduite . *Plus aussi les
particules de fer sont fines dans les eaux, plus elles s'entraînent
et s'attirent mutuellement, se collant dans leur mouvement.* « C'est
ainsi que dans les solutions salines, des cristaux continuent à
s'accroître là même  où ils ont commencé à se former. (de Gros-
souvre) ».

Une autre hypothèse peut naître encore pour la présence du
minerai *en gros amoncellement* dans le sparnacien, celle de la sub-
stitution de l'argile plastique par le fer, devant engendrer la
limonite, sorte d'épigénie rapide, simple élaboration dans les eaux
basses et sur de nombreux points des minerais de fer aux dépens
des argiles, phénomène d'émigration du fer, pas *ascensum*, genèse
bien connue dans les pays de latérite (1).

Quelque soit les solutions, ce qui reste indiscutable c'est que
*l'origine sparnacienne du minerai de fer dans nos argiles est un fait
bien établi.*

Des scories du Sud-Ouest de l'Yonne sont manganésiennes ce
qui rend leur couleur plus foncée. Vers Arces et Dillo, dans
l'Othe, vers Saint-Sérotin, non loin de Pont-sur-Yonne, on cons-
tate de semblables exemples, ce qui laisse à supposer que le manganèse sous forme d'oxyde accompagne souvent la limonite. Ces
traces dans le minerai se décèlent par leurs couleurs grise-rous-
sâtre et grise-noirâtre. Divers échantillons que nous avons
recueillis isolément vers Arces nous ont donné l'oxyde de manganèse en petite quantité et une forte teneur en fer.

Leur analyse ci-dessous fut opérée par M. Marrec, directeur du
Laboratoire des Eaux de la Ville de Paris, à Sens.

---

(1) A. Lacroix, *Les Latérites de la Guinée et les Produits d'altération qui
leur sont associés*, Bibliothèque Géog. 1913-1914, n° 1359.

Nº 1 Limonite des environs de Dillo.............. 50,7 0/0 fer.
Nº 2 Hématite et limonite de Pont-Evrat, près
      d'Arces.................................. 50,4 0/0 fer.
Nº 3 Hématite d'Arces.......................... 53, 0/0 fer.
Nº 4 Limonite avec traces de manganèse des
      Birons, vers Arces....................... 51,1 0/0 fer.

Ces résultats font penser que le minerai de l'Yonne est parfois riche en lui-même, exempt d'arsenic et de phosphore, ce qui en augmente la valeur.

Des échantillons choisis contiennent jusqu'à 60 0/0 de fer métal, mais la teneur moyenne reste comprise entre 50 et 53 0/0.

Dans le Sénonais, le minerai est excessivement intéressant comme téneur et qualité vers Arces et Dillo.

Vers Tannerre-en-Puisaye et Villiers-Saint-Benoît, M. L. Gaultier, directeur des gisements de fer et scories de l'Yonne, ayant opéré des sondages, a trouvé que le minerai naturel contient 53 0/0 de fer, 6 seulement de silice et 0,018 de phosphore. Ce minerai a été rencontré entre 5 et 15 mètres du sol. Ce sont des hématites de premier ordre (1).

*Analyse par la maison Campredou, de Saint-Nazaire,*
*du minerai desséché à 100°*

Silice................................. 6,26
Fer ................................... 53,34
Manganèse............................. 0,60
Soufre................................ 0,034
Phosphore............................. 0,018
Perte au feu ......................... 12,10

Le manganèse est répandu sans exception dans l'organisme de tous les représentants du règne animal (2); il n'est donc pas extraordinaire de le trouver à l'égal du fer dans les eaux lagunaires, déjà en possession du manganèse de roches décalcifiées. La teneur des eaux minérales en manganèse présente d'étroites relations avec la quantité de fer qu'elles contiennent, et dans une même station, les sources ferrugineuses en sont les plus riches (3).

---

(1) Extraits d'une lettre et d'analyses adressés par L. Gaultier à M. J. Lambert, de Troyes, qui a bien voulu obligeamment nous les communiquer.

(2) G. Bertrand et F. Medigreceanu, *Sur la présence du Manganèse dans la série animale*, C. R. Ac. des Sc. Paris, juillet 1912.

(3) Jadin et A. Astruc, *Le Manganèse dans les Eaux minérales françaises*. Rev. Scient. 1912, p. 462.

Le fer et le manganèse circulent dans les eaux souterraines à l'état d'oxyde, de bicarbonate, analogue au bicarbonate de calcium.

La fontaine Croix-Vers-Nous, de la commune de Bussy-en-Othe, donnant naissance au rû Saint-Ange, est réputée comme ferrugineuse et curative.

Nous ne croyons pas voir là une influence des eaux pluviales tombant sur les ferriers du voisinage, parce que leur situation est à contre sens du courant de la source, c'est-à-dire en aval, et que la pente entraîne les eaux vers la vallée Saint-Ange. Cette minéralisation relève de préférence du fer que contiennent les argiles dans ces parages.

Cette fontaine bien connue, appréciée de loin, est le rendez-vous de ceux qui sont atteints d'une inflammation des yeux ; aussi est-elle plus particulièrement désignée sous le nom de la Fontaine-aux-Yeux, et on cite volontiers les guérisons qu'elle opère. Maçonnée avec soin, une statue de Saint la surmonte, et auprès un petit gobelet existe afin de pouvoir y puiser l'eau.

Quantin, dans son *Répertoire archéologique de l'Yonne*, dit qu'il existait autrefois sur ce point une chapelle convertie désormais en pavillon de chasse et qu'auprès se trouvait une fontaine objet d'un pèlerinage pour la guérison des yeux et de la fièvre. La chapelle Saint-Ange dépendait de l'abbaye de Saint-Julien-d'Auxerre.

Le village de Dillo (commune de Saint-Florentin) possède également une petite source ferrugineuse. Seulement ici les eaux peuvent être parfaitement influencées aussi bien par les ferriers voisins que par le minerai de fer entrant dans le sol. Les scories comme agents de solubilisation semblent très actives et on peut affirmer qu'elles sont en même temps des facteurs d'apport du fer et du manganèse. La quantité de manganèse dissous par litre avec les scories est de 0 milligr. 0,83, alors que l'eau pure ne dose que 0 milligr. 0,1 par litre (1).

D'autres sources ferrugineuses existent dans l'Yonne, dont quelques-unes connues depuis de longs siècles. Celle de Toucy a été l'objet de plusieurs rapports, dont un, médical, du docteur Ber-

_______

(1) Vincent, *Circulation du Manganèse dans les Eaux naturelles*. C. R. A. S. Paris, 14 février 1916.

ryat, en 1872, à l'Académie des Sciences (1). La fontaine Punaise, près de Meurs (commnne de Pourrain), était ainsi nommée à cause de son odeur et du mauvais goût de ses eaux (2). L'ancienne fontaine ferrugineuse de l'abbaye des Echarlis avait joui d'une célébrité (3). Ajoutons la fontaine Saint-Louis, près du hameau de Mainpou, sur le grand chemin de Toucy à Fontenoy. A Neuilly, au pont des Grais, près du Ravillon, une de ces sources est réputée ferrugineuse, et diurétique. A Appoigny, une autre possède quelque réputation. Il y en a encore d'autres moins ferrugineuses, à la Mothe, près d'Eglény, à Saint-Servan, près Chevannes, aux Commailles, près Fontaines, à la Louptière, près Moutiers. Une partie de ces sources sort  . des sables et argiles ferrugineux de la Puisaye et néocomiens (4).

Par l'existence des antiques ferriers et des anciennes exploitations consignées dans les archives, on peut se rendre compte que le précieux métal était fourni non seulement par les argiles sparnaciennes de la région d'Othe, mais que les plateaux à l'Ouest de l'Yonne en renferment depuis Saint-Sérotin à Lavau inclusivement.

Nous n'avons parlé ici que du minerai de fer du Sénonais et de l'Ouest de l'Yonne, car celui du Centre, du Sud et du Sud-Est, également employé, provient de dépôts géologiques différents : oolithe ferrugineuse; fer participant aux marnes et aux argiles de l'oolithe, tantôt extrait dans son dépôt originel, tantôt à l'état remanié à une époque postérieure. Ajoutons encore le fer des sédiments albiens, tels les sables ferrugineux de la Puisaye, ceux des environs de Saint-Florentin et autres, qui a donné lieu à des extractions.

### GISEMENT DE FER DE VILLENAVOTTE (canton de Pont-sur-Yonne)

A l'heure présente, ce gisement peut compter comme le plus important de la région, comme le gisement type, véritablement exploitable, nous donnant une idée de ceux que purent découvrir et mettre en valeur les premiers métallurgistes.

Il est situé au Sud-Ouest du village de Villenavotte, sur la rive

---

(1, 2) Leblanc-Davau, *Recherches historiques et statistiques sur Auxerre,* 1871, p. 391.

(3) E. Régnier, *Hist. de l'Abbaye des Echarlis*, Bull. Soc. Sc. de l'Yonne 1913, p. 343.

(4) Leymerie et Raulin, *Statistique*, p. 137,

gauche de l'Yonne et occupe dans un bois et au lieudit le Ramoy, la fin d'une longue dépression du sol. Il appartient à M. Clergue, résidant jadis à Villenavotte, désormais à Courtois-sur-Yonne, qui l'exptoite souterrainement.

Ce minerai a déjà fourni 50 tonnes au Creusot, car les établissements Schneider le connaissent depuis longtemps s'en sont servi, puis négligé et enfin l'ont abandonné. Ce n'est pas que ce minerai, qui est de la limonite, soit d'une faible teneur, puisqu'une analyse des fonderies de Pont-à-Mousson, qui s'en sont intéressés pendant la guerre, annonce 55 0/0 de fer. Seulement, les maîtres de forges de la Loire estiment plus profitable de faire venir du minerai des Pyrénées françaises, de Carthagène (Espagne), que de s'adresser à celui de l'Yonne dont le transport et l'embarquement sont toujours la fatale conséquence de son délaissement.

Sa découverte est due à ce qu'en cet endroit, une argilière fut ouverte pour les besoins de la Tuilerie de la Belle-Oreille, entre Courtois et Villenavotte, qui l'abandonna dès que le fer se montra mélangé à l'argile, ce qui faisait craquer les tuiles et les briques.

Ce gisement se situe exactement dans le fond d'une cuvette elliptique du sol, *en plein argile plastique qui l'enserre de tous côtés.* On distingue aisément l'existence d'une vaste poche dont l'ouverture d'une petite galerie correspondait en 1916 à 2 mètres de diamètre.

A cette époque, les travaux de l'exploitation étaient arrêtés, et 20 tonnes environ de limonite extraite, brune, à poussière jaune, à teneur riche s'observaient sur place. De chaque côté de l'entrée de la galerie nous avons obtenu le relevé suivant, au milieu duquel se détache l'amas brun faisant prévoir une étroite et longue lentille de fer :

1º Terre de bruyère $0^m25$ ;

2º Argile panachée de jaune, légèrement sableuse $0^m35$ ;

3º Glaise grise avec intercalation d'argile panachée de rouge $0^m60$ ;

4º Argile jaune.

A cette place, l'exploitation ancienne de l'argile apparaît sur 5 mètres de hauteur, dont 4 mètres environ de sables blancs et ocres, fins, quartzeux, avec éléments plus gros et *interbandes verticales de glaise grise* ayant surmonté le gisement de fer (1). Ainsi

---

(1) Ces interbandes verticales de glaise et d'argile au centre de sables fins sont très curieuses et confirment l'action du dépôt.

disposées, le sol déjouait, avant l'ouverture de l'argilière, les apparences tirées simplement de la surface.

*Un peu au-delà, apparaît la craie blanche à un niveau supérieur à ce dépôt sparnacien.*

Tout ceci exprime l'existence d'une vaste et profonde dépression pré-tertiaire si fréquente dans le sous-sol crayeux, et qui fut comblée de dépôts argileux-sableux dans lesquels se forma un amas de minerai de fer. *Le fer de Villenavotte est donc bien sparnacien ;* avec l'argile il s'adosse à la craie qui les domine.

Dans les environs eurent lieu d'autres recherches qui n'abou-

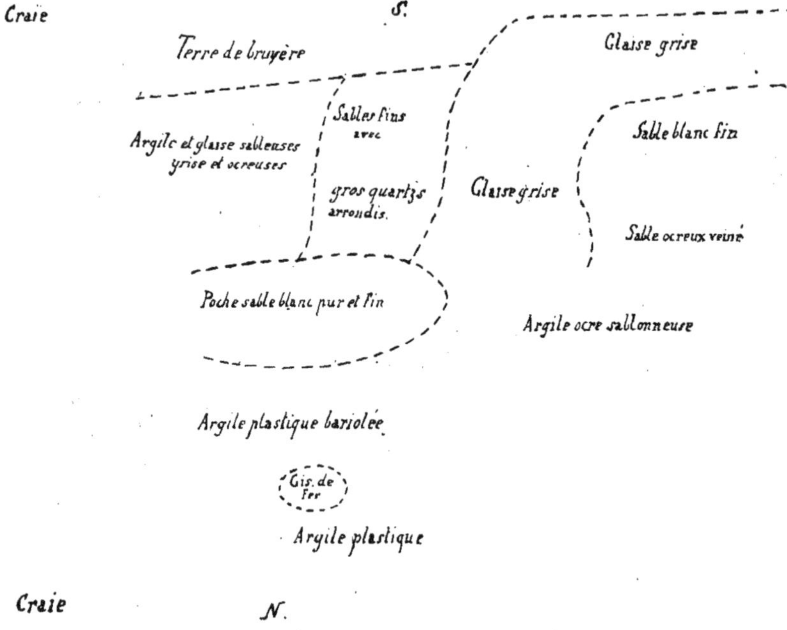


COUPE D'ENSEMBLE DE L'ARGILIÈRE DE VILLENAVOTTE

tirent à aucun résultat. Pendant la construction du Chemin-Neuf, de Nailly, vers les Grands-Fossés, de petits amoncellements de limonite semblables se montrèrent enclavés dans l'argile. Des habitants de l'endroit, croyant voir dans cette apparition nouvelle du minerai, le prolongement du minerai de Villenavotte, prévinrent, selon les dires, la Société du Creusot. Un ingénieur fut délégué qui en conclut à des amas insignifiants.

Généralement on considère l'îlot de sable blanc, surmontant ce gisement de fer, comme appartenant aux sables de Fontainebleau. N'en a-t-il pas été de même pour les sables blancs et fins du

gisement de lignite de Dixmont, enclavé également dans une vaste
et profonde dépression de la craie (1). Ces attributions ne résis-
tent pas à une enquête géologique, et ces sables de part et d'autre,
doivent rentrer dans l'ordre des *assises supérieures sparnaciennes.*

En résumé la position du fer dans les argiles sparnaciennes
constitue une formation Eocène, conséquence d'une érosion considérable de tout le Nord de la France ; ce minerai a dû prendre
naissance dans des dépressions lacustres.

Dans l'Yonne, ces dépôts sparnaciens se voient dans le Nord
s'allongeant jusqu'auprès du bassin de l'Armançon. Ensuite
on les suit très développés à l'Ouest, s'étendant de ce côté d'un
bout à l'autre du département. Vers le Sud, on ne les retrouve plus.
que sporadiquement s'avançant jusque dans le Morvan.

## EMPLOI DU FER ET SES PREMIÈRES EXPLOITATIONS DANS L'YONNE

### AGE DU BRONZE

Nous ne nous étendrons pas sur la haute antiquité de la fonte
du fer, dont les premiers essais semblent remonter aux premières
dynasties égyptiennes. Toutefois il est bon de savoir que le fer fut
introduit de bonne heure dans la métallurgie de la Gaule et dans
la métallurgie étrangère et des analyses d'objets de l'âge du bronze
ont montré, plus d'une fois, que le fer y entrait en faible quantité (2). Les métallurgistes d'alors connaissaient réellement la fonte
dn fer qu'ils ne savaient pas suffisamment travailler. Tel qu'on
le produisait, il était de mauvaise qualité, ne servant ni à la fabrication des armes, ni d'autres objets.

### AGE DU FER

*Période Hallstattienné.* — L'arrivée d'influences nouvelles,
connaissant plus profondément les procédés de la fonte du fer,
modifia peu à peu les conditions industrielles des régions de la
Gaule, et parmi elles, celle importante de l'Yonne dont les habitants depuis longtemps avaient connaissance du fer de ses ter-

---

(1) Augusta Hure, *Notes sur la Géologie et la Tectonique du Bassin de la
Vanne,* Bull. Soc. Géol. de France, 1919.

(2) Augusta Hure. *Découverte de Figurines de plomb et d'Objets divers dans
une fosse gallo-romaine près Sens* (Yonne), Bull. Soc. Sc. de l'Yonne 1918, p. 6.
de l'exemplaire.

rains. Dans le Sénonais, l'usage si actif du silex encore à l'Age
du Bronze se continua avec l'emploi du fer, de sorte que les habitudes des temps préhistoriques se poursuivirent sur beaucoup de
nos territoires jusqu'en pleine phase protohistorique hallstattienne.

Il en fut de même ailleurs, et de nombreux exemples de sépultures et de découvertes diverses hallstattiennes et de la Tène ont
donné des objets en silex, associés à des objets en fer (1). Il se
peut que des instruments en silex furent conservés au point de
vue cultuel, très souvent aussi ce sont des objets familiers et
*usuels* du défunt. Dans le camp antique de Cora (Yonne), les
fouilles de M. l'abbé Parat (2) ont démontré, par la présence
d'objets en bronze, en *fer, d'une scorie de même métal*, de nombreux éclats et outils en silex recueillis dans une couche continue, un emploi encore régulier du silex à la période hallstattienne. Le fer était toujours si précieux que les *outils en fer*, à
l'exception des couteaux, sont rares dans les sépultures hallstattiennes. Ce n'est guère qu'à la Tène III que s'introduisit l'usage
de déposer des instruments et outils de fer dans les tombes (3).

Déjà, Ph. Salmon avait remarqué que, près du chemin de la
Renardière, vers Arces (Yonne), les silex ouvrés se mêlent aux
scories (4). Nous avons fait les mêmes observations sur les plateaux du hameau les Croissants (commune de Paron, près Sens),
du Glacier (commune de Saint-Martin-du-Tertre), à proximité de
la ferme du Clos-Pora (commune de Collemiers), vers Beaujard
(commune de Villeneuve-sur-Yonne)...

L'abbé Bourgeois, plus affirmatif encore, nous dit que près de
Coulours, aux confins de la forêt d'Othe, dans la couche végétale, *sur des mâchefers*, se trouvent des objets de silex travaillés (5).
Dans un ouvrage général des Ages de la Pierre dans le Sénonais,
nous accumulerons d'autres preuves s'appuyant sur de plus
récentes découvertes.

A Courgenay (commune de Villeneuve-l'Archevêque), de primitives fonderies de fer avec leurs scories correspondent à un
milieu de l'Age du Fer et de la Pierre polie, et la découverte

---

(1) Consulter les Appendices du Manuel de J. Déchelette.
(2) Bull. Soc. Sc. de l'Yonne 1907, p. 170.
(3) G. Dottin, *Manuel pour servir à l'Etude de l'Antiquité celtique*, Paris,
Champion, 1915, pp. 206, 207.
(4) Ph. Salmon. *Dict. Arch. du Dépt. de l'Yonne.*
(5) Abbé Bourgeois. *Quand et Comment finit l'Age de la Pierre*, Sens, 1903.

d'autres vestiges archéologiques divers, appartenant aux époques romaines, mérovingiennes, fait supposer un centre humain consécutif établi sur ce territoire dès les temps préhistoriques.

Nous arrêtons là nos exemples que nous pourrions multiplier.

Ce n'est donc pas à l'époque gauloise proprement dite (dont la fin de l'ère protohistorique : la Tène seulement se confond avec elle) qu'il nous faut parler des premières industries du fer ; c'est plus haut qu'il faut remonter. Pourquoi pas à la période hallstattienne, à l'âge où s'associaient encore intimement chez nos populations la pierre et le fer ?

Dans le Sénonais, on peut dire sans crainte qu'il a existé un âge primitif du fer bien autonome. Les débris sont rares parce qu'ils étaient restreints et que beaucoup ont été détruits. *Il faut les chercher côte à côte avec les outils de silex ;* et des scories clairsemées, sporadiques, mal traitées, dans de faibles stations de la pierre, sont les indices de ces fonderies élémentaires hallstattiennes, plus élémentaires encore que les fonderies gauloises reproduites jusqu'à ce jour sous la forme de bas-foyers, puisqu'elles étaient sans doute naturelles, sans construction et chauffées probablement et simplement *au bois.* Combien devait être faible le volume du fer qu'on retirait ! Ce sont là les premiers essais du pays. Ce fer, fabriqué au bois, est celui que de nos jours nous appelons fer ou fonte fabriqué à l'air froid.

*Epoque gauloise.* — Aux temps protohistoriques, le vrai chercheur du fer fut le Gaulois.

A cette époque, le fer était partout connu et des fonderies antiques se rencontrent de toutes parts dans les régions de la Gaule, où le minerai se tenait peu éloigné du sol. L'histoire nous retrace à un haut degré l'action que les Celtes ont exercé pendant six siècles sur les peuples de l'Europe, et s'ils sont arrivés rapidement à la prospérité, c'est parce qu'ils mirent à profit les ressources que leurs offraient partout le fer de la Gaule. *C'est sa fabrication qui leur a assuré la domination de l'Europe en même temps que cette race belliqueuse armait le plus grand nombre de ces hommes avec ce métal.*

Un des éléments important de la vie industrielle gauloise dans l'Yonne fut l'exploitation du minerai de fer. A l'arrivée de César dans les Gaules, c'est-à-dire à l'époque la plus brillante de la Sénonie et de sa grande prospérité, Strabon nous apprend que les exploitations des mines de fer abondaient dans la contrée et concentraient en quelques mains d'énormes richesses (1).

César, dans ses célèbres *Commentaires*, atteste la puissance de la nation des Sénones. Par lui nous apprenons encore à la connaître. D'ailleurs, ne fallait-il pas à nos ancêtres des armes de fer pour réaliser, déjà vers 564 ans avant Jésus-Christ, la grande entreprise conçut par Bellovèse de soumettre tout le nord de l'Italie et dont le succès les portèrent avec Brennus jusqu'à Rome ?

Aux temps gaulois, et d'après César, on croit que toutes les terres étaient affermées. Peut-être en était-il de même des exploitations de minerai de fer. Ces exploitations devaient assurer les revenus d'un territoire, car n'oublions pas que des territoires celtiques avaient leurs biens communaux.

Dans notre région, le minerai s'obtenait par excavation à ciel ouvert. Sa production exigeait un concours de conditions locales. qui se trouvaient réunies sur notre sol : de grandes forêts de chênes assurant le chauffage de la fonderie, des exploitations aisées.

Pendant les temps anciens, le fer a été extrait et traité sur place ; dans le voisinage des ferriers, il y a une quantité de dépressions qui sont autant de fosses d'où on l'a recueilli.

Daubrée, après avoir décrit les nombreux ferriers du sol français et notamment s'être occupé de ceux de l'Yonne (2), en attribue une bonne partie à l'époque gauloise. Ces vues n'ont rien d'étonnant si l'on songe aux multiples instruments en fer dont se servaiçses populations.

Chaque peuplade gauloise, nous dit C. Jullian (3), eut sans doute ses forges militaires et nous n'hésitons pas à croire que dans la tribu importante des Sénons, la production de son fer entrait essentiellement dans son armement. Seulement les épées gauloises étaient mal trempées, se tordaient aisément dans le combat et il fallait les redresser avec le pied (J. Déchelette). Nous avons entendons dire que les anciens ne pouvaient retirer avec leurs procédés qu'un fer mou. C'est une erreur, le fer mou étant impropre à la fabrication des armes et des outils. Traité par la méthode directe au charbon de bois dans un simple fourneau, le minerai donnait une espèce d'acier naturel ou de fonte possé-

---

(1) *Géographie de la Gaule.*

(2) Daubrée, *Exploitation des Métaux dans la Gaule*, Rev. Arch. Paris, 1868, t. 1, et 1881, t. 1. — Dans *Nos Terrains*, Stanilas Meunier cite également les ferriers de l'Yonne ; Paris, Colin, 1900.

(3) C. Jullian, *Histoire de la Gaule*, p. 305.

dant les propriétés de l'acier de cémentation et était employé à la
fabrication des armes, des instruments d'agriculture et domes-
tiques ; il pouvait même donner des fers de scie excellents. Car
outre des armes, les instruments usuels et de parade en fer dont
se servaient les Gaulois deviennent multiples à mesure qu'on se
rapproche de l'ère gallo-romaine. Métallurgistes experts, ils
savaient admirablement découvrir et se procurer le fer, connaissaient le cuivre, l'étain, le plomb « qu'ils alliaient en proportions
diverses pour fabriquer à volonté des bronzes plus ou moins
durs » (George et G. Chauvet). Ils appréciaient l'or, qu'ils bat-
taient à l'exemple du bronze en minces feuilles pour parer leurs
appliques de ceinture et la poignée de leurs armes...

La fusion des divers métaux et leur ciselure établissent haute-
ment l'habileté professionnelle des orfèvres gaulois. A l'époque
Marnienne et de la Tène, leurs forgerons témoignaient d'une
technique très avancée « qui paraît à peine avoir été égalée chez
les peuples classiques ». César notamment a été frappé de l'habi-
lité des forgerons gaulois. Les Romains, au contraire, malgré
leur science consommée des choses de la guerre, ne furent jamais
que des armuriers peu inventifs, empruntant aux Gaulois leurs
différents modèles de glaives (1).

On voit que les Gaulois employèrent beaucoup de fer longtemps avant la conquête.

Sans égaler les Romains dans les sciences et dans l'art monumental, les Gaulois possédaient donc des éléments industriels
aussi perfectionnés que ceux de leurs vainqueurs, capables de
soutenir la concurrence, et on verra combien dans la sidérurgie
de l'Yonne les progrès romains furent insensibles.

Bien des objets en fer durent sortir de petits ateliers yonnais.
On nous objectera qu'on ne rencontre presque jamais de moules;
mais il en est de même pour d'importantes stations sidérurgiques
gallo-romaines. Si des moules sont rares, il faut penser que beaucoup d'armes, d'objets divers durent se couler dans des moules
de sable, d'argile, peu résistants aux effets du temps. Les moules
en grès ne furent sans doute que des exceptions. Quant aux
creusets en terre cuite ce sont souvent d'épaisses calottes sphé-
riques munies d'un bec ou sans bec et qui servaient à la refonte
du métal obtenu par la réduction du minerai. Peut être à
l'époque gauloise existait-il encore quelques fondeurs ambulants

--------

(1) J. Déchelette, *Manuel*, 550, 551.

comme à l'ère du bronze, dont tant de cachettes avec d'anciens moules d'objets nous l'ont révélé. Dans notre département, toute scorie pesante est classée romaine, de sorte que s'il était admis que tous les lourds mâchefers ont cette origine, il faudrait en déduire qu'avant l'arrivée de César aucun ferrier n'existait dans la Gaule. Cependant tous les jours des découvertes confirment le contraire malgré les difficultés qu'il y a souvent de séparer ces différents produits entre eux.

Dans le Sénonais, nous sommes parvenus à distinguer entre elles l'antiquité des scories ferrugineuses, quoique le poids des produits gaulois, romains, mérovingiens n'ait pas de différences assez notables pour les séparer, basées seulement sur le simple aperçu de leur densité.

De plus, nous avons observé qu'à l'ère gauloise proprement dite, les artisans Sénonais n'employèrent que de petites fonderies et se déplacèrent beaucoup. Il est probable que des changements continuels avaient lieu à mesure que le minerai s'épuisait et qu'on faisait voyager le matériel de travail. Les amas de scories qu'ils ont laissés sont les moins importants, *mais semblent les plus multiples;* ils ne varient guère entre eux et partout le minerai était traité identiquement. *C'est à eux qu'on doit la série de ces emplacements souvent invisibles sous la mousse et la végétation des bois, dans les cultures, qu'aucun énorme monticule ne dévoile, attestant une fonderie de courte durée.* Le système adopté *fut surtout l'emplacement circulaire,* vraisemblablement le plus simple et le plus commode. C'était sans doute des constructions rondes du type de la maison gauloise dont le fourneau occupait le milieu. Ces fourneaux sont ainsi inscrits le plus ordinairement dans un cercle de 2^m50 de diamètre; il y en a de plus grands et aussi de plus petits, probablement proportionnés au minerai obtenu. *Ces formes circulaires* se voient remplies de scories, avec la terre noircie, les silex craquelés et rougis par le feu et nous les retrouvons sur bien des points sans *trace apparente de fosses.* Il est possible que ces exploitants pouvaient, à l'exemple de peuplades africaines encore primitives, se procurer du charbon de bois en recouvrant en temps utile de terre sèche les braises pour empêcher leur combustion complète, car en aucun cas on ne devait jeter de l'eau sur les charbons. Les Gaulois de la Tène perfectionnèrent, sans nul doute, le vieux procédé traditionnel hallstattien et substituèrent à l'emploi du bois celui du charbon de bois.

Dans les cultures, quand se montre l'argile rubéfiée ou le limon des plateaux à granules de fer, on est certain de constater une ou plusieurs dépressions irrégulières du sol indiquant d'anciennes recherches du minerai. Ainsi à 500 mètres de la ferme du Bosquet (commune de Mâlay-le-Petit), nous voyons un de ces *emplacements circulaires* avec de fortes scories riches en fer, vers laquelle à peu de distance nous avons trouvé un anneau de bronze (0,05 diamètre extérieur), semblable à un gros anneau de bride. Plus loin dans la périphérie de fréquentes et inégales cuvettes annoncent les anciennes recherches du minéral.

Entre l'Ormeau et la Goujauderie (commune des Clérimois), des déchets d'une même industrie, de volume encore supérieur, atteignant parfois le double de la tête d'un homme, occupent à peu près une même surface. A mi-chemin de Grange-Pourrain et du Clos-Aubry, et de Grange-Pourrain à Bourbuisson (commune des Bordes), puis vers le hameau des Roches, près Marsangy, vers la ferme des Cent-Arpents, dépendant de Vallery de ces emplacements sidérurgiques se constatent *à diverses reprises* sur le limon des plateaux; il en est de même dans les environs de Dixmont auprès du bois du Chalonge. La petite butte qui se trouve dans ce bois, dissimulée par la végétation, peut être fort bien gauloise. Le plateau de la Mattre (commune de Mâlay-le-Grand), est criblé de fosses d'extraction; de çà de là des *foyers circulaires* sont très visibles et soulignent les points où furent installés des fourneaux. Ainsi que vers Grange-Pourrain, les Roches, etc., le minerai de fer de la Mattre fut extrait sur place dans le limon pléistocène qui, à cette place, atteint de $0^m30$ à $1^m50$ de profondeur. Toute sa puissance est parsemée, sur certains points, de granules de fer. C'est surtout à sa base qu'une véritable couche de $0^m15$ à $0^m30$ cimente la couche de galets arrondis et éclatés tertiaires, séparant le limon de l'argile plastique sous-jacente. De toutes parts dans le limon, c'est à ce niveau que les artisans allèrent chercher le fer parfois en fragments, généralement en grains. Des tranchées militaires, ouvertes dans ces assises sur plusieurs kilomètres pendant les années 1918-1919, nous permirent à ce sujet d'excellentes observations. Sur ce même plateau, près la ferme de la Houssaye, deux emplacements *circulaires* sidérurgiques se sont révélés avec leurs scories dont la réunion des matériaux de chacun ne pouvaient guère répondre qu'à 200 kilogrammes au maximum. La coupe de la tranchée, opérée en plein une de ces fonderies, nous a montré leur profondeur, pas plus de $0^m25$ à $0^m30$ du sol. A côté gisaient du fer brut (limonite); des grains de limonite et d'hématite agglutinaient des sables grossiers de l'Eocène au point de leur donner l'aspect de poudingues. Des scories très pesantes, noires-bleuâtres, brillantes, contrastaient avec d'autres moitié mâchefer, moitié minerai brut, témoignant de leur teneur très forte en fer et d'une méthode imparfaite de la fonderie.

Pour nous le plus intéressant fut la présence au milieu de ce dépôt scoriacé, occupant une friche, d'un éclat de poterie noire grossière avec petits grains de quartzs, et appartenant certainement à une époque antérieure à l'époque romaine. Ce tesson est bien celtique et date par conséquent l'exploitation. Sur ce plateau, la forme irrégulière des fosses pour la découverte du minerai annonce des recherches successives. Leur profondeur ne descend pas plus loin que celle de la *couche du fer*. Il est donc certain que des populations se sont adressées, non seulement aux gros fragments de minerai, mais aussi aux multiples granules de fer et au *limon imprégné fortement d'oxyde de fer* qu'elles semblent avoir fondu sans grande préparation et sans lavage. Ce limon, à base légèrement calcareuse, leur servait de fondant. Ces diverses fonderies, distantes les unes des autres de 200 mètres environ, feraient croire à plusieurs exploitants; sans quoi, appartenant à un seul, il eut été plus rationnel de transporter le minerai vers le point unique de fabrication. Le terrain inculte depuis longtemps peut nous dérober d'autres emplacements.

Parmi les nombreux ferriers de Saint-Sérotin (commune de Pont-sur-Yonne), beaucoup de ces mêmes fonderies sont à peine discernables sous la végétation, et qu'on peut rapporter à l'époque gauloise, alors que les ferriers les plus volumineux soulignent des époques postérieures. Vers Dillo et Arces, de petits dépôts de scories sont si étroitement groupés qu'il devient malaisé de faire des démarcations entre leurs diverses époques.

Pour les différences à établir entre les scories de l'époque gauloise et celles des époques suivantes, nos études corroborèrent avec les données de M. G. Valois bien avant que nous eussions connaissance de son travail à ce sujet (1). En effet, nous avons pu remarquer que la fabrication des scories pré-romaines résultent de petites fonderies ayant déterminé par leur disposition une élaboration lente, de petits courants successifs, *crapaudinant en un mot ces déchets.* Leur couleur est d'un noir-verdâtre ou

---

(1) G. Valois, *Le fer dans l'antiquité d'après les scories de la forêt d'Allogny*, Bourges, 1884. — Voir aussi C. E. Florance, *Peut-on reconnaître l'antiquité des scories ferrugineuses*, Congr. intern. d'Anthrop. Genève, 1914, p. 313. — Congr. Préhist. Fr. Angoulême.

bleuâtre très brillante et passe à la nuance brune en cas d'excès
de fer.

Pour beaucoup, le fond de ces fourneaux sénonais *était circulaire, sans dépression appréciable*, et annonce bien le mode d'appli-
cation des Celtes, c'est-à-dire rappelant le type de la hutte. Cette
disposition évoque le fourneau en forme de tour, construit
d'argile et de sable, comparable à celui qui fut usité aux temps
primitifs égyptiens et qui ne contenait guère que 100 kilos de
minerai et 50 kilos de charbon de bois placés par bancs alterna-
tifs. Pour produire un fort courant d'air nécessaire à la fusion,
un ouvrier appuyait alternativement sur l'une des poches d'un
soufflet en peau de bouc (1).

Aujourd'hui, ces sortes de fourneaux se nomment des bas-
foyers (air bloomeries), d'après le spécialiste anglais William
Fairbairn : *simples constructions en formes coniques munies en-
dessous de petits ouvraux pour l'admission de l'air, et en-dessus
d'une large ouverture pour donner le passage aux produits de la
combustion* (2). Etablis sur les hauteurs, le vent favorise efficace-
ment leur tirage ; de préférence, on devait profiter des forts courants
d'air pour l'obtenir énergique, et la porte des fourneaux s'ouvrait non pas au hasard, tout probablement dans la direction W. E.

Tel a dû être l'ensemble de cette sidérurgie celtique sénonaise
qui, d'après les dispositifs des fourneaux, ne peut autrement nous
être connue.

Des spécialistes, qui se sont occupés de la question des *bas-
foyers*, pensent que l'opération de la fonte du fer durait généralement une quinzaine d'heures.

Dans bien des endroits, des remarques ont été faites sur des
fonderies « antéhistoriques », le plus souvent disposées *sur la
pente d'un coteau;* c'est ainsi que le naturaliste Morlot et M. Quiquerez nous les décrivent, le premier pour les bas-fourneaux
primitifs de l'Autriche et de la Suède, le second pour les
anciennes forges du Jura Bernois où 400 de ces établissements
furent rencontrés (3).

---

(1) Ed. Naville. *Le passage de la pierre au métal en Egypte*, Archives
suisses d'Anthrop., 1914, p. 56.

(2) A. Lesire. *Notes et Documents pour l'histoire de Toucy*, Bull. Soc. Sc. de
l'Yonne, 1907, p. 317.

(3) Quiquerez. *De l'âge du fer. Recherches sur les anciennes forges du Jura
Bernois*, Soc. Jurassienne d'Emulation, 1866, pl. I. — C.-F. G. Ducoudray.
*Histoire sommaire de la civilisation depuis l'origine jusqu'à nos jours*, Paris,
Hachette, 1886, p. 13.

De notre côté nous n'avons obtenu jusqu'alors aucune de ces constatations en flanc de côteaux, et la plupart de nos fonderies élémentaires se tiennent sur les plateaux sans traces apparentes de fosses. La méthode par fosses, nous ne l'avons jusqu'alors observée qu'à l'époque gallo-romaine, ce qui va nous amener à concevoir des changements successifs de procédés de traitement et à faire valoir les résultats différents qui en découlèrent.

Au loin, d'autres procédés de la fabrication du fer, employés également à la période de la Tène, nous sont connus par les trouvailles de Bulliot au mont Beuvray et qui offrent l'avantage d'appartenir à une phase nettement déterminée : le dernier siècle avant notre ère (1).

Pendant l'hiver, on accumulait sans doute dans le Sénonais le charbon de bois choisi parmi les essences forestières dures et denses.

Nous n'osons pas dire que le minerai se concassait partout à la main ou par un grillage à l'air, parce que souvent nous avons retiré de gros fragments de limonite dans ces fonderies. Il ne faut pas croire, non plus, qu'à cette époque les minerais étaient partout lavés dans les ruisseaux afin de les débarrasser de leur terre, car les plateaux où se tiennent ces sidérurgiés primitives sont dépourvus de cours d'eau. Peut-être peut-on envisager la mare en saison humide, ce qui ferait présumer un chômage en temps de sécheresse.

Les dépôts de fer n'offrant pas assez d'étendue et de puissance pour entraver la venue du bois et le développement des arbres, les indices étaient singulièrement restreints. Les chercheurs, dans les masses forestières, ne pouvaient être, comme dans nos cultures, attirés par la teinte vive des argiles sableuses ferrugineuses. Seuls les sous-sols étanches et parfois le travail des taupes ramenant le minerai à la surface formaient quelques repères.

Tous ces préliminaires demandaient bien des mois et s'opéraient par des professionnels dans l'art de la fonderie, afin de pourvoir à de bonnes installations.

Avec ces procédés de réduction, la température du foyer ne s'élevait jamais à un degré assez haut pour obtenir une masse de fer pure et importante qui restait imprégnée de scories et qu'on exprimait ensuite à l'aide d'une masse en pierre. Quand le forgeron voulait faire une arme, un outil, il prenait de ce fer la quan-

---

(1) J. Déchelette, *Manuel*, t. III, pp. 1540, 1541.

tité nécessaire, le faisait ressuer au feu de sa forge, le martelait rougi sur un grès servant d'enclume. Dès lors, on comprend la quantité de fer qui se perdait en face de ces moyens rudimentaires, malgré la richesse du minerai.

Les Gaulois avaient des relations étendues dans le monde, des attaches les reliant fort loin de leurs territoires. L'usage de la monnaie fut ignoré longtemps des Celtes, et chez eux comme chez les peuples primitifs, les premières transactions se faisaient par l'échange; on peut admettre que parmi celles qu'employèrent les Sénons entrait celle du fer fondu et des objets en fer. Ainsi dans la Grande-Bretagne, même à l'époque où commençaient à sévir les monnaies, les Bretons se servaient, à leur place, de cuivre et d'anneaux de fer d'un poids déterminé (1).

Il n'est pas douteux que le fer de l'Yonne, soit à l'état de gueuse, soit à l'état manufacturé, sous forme de gros fuseaux, de lingots rectangulaires, était parfois porté au loin, quoiqu'il servit aussi à l'usage du pays. Les gisements et les fonderies étant à . portée des voies fluviales, le fer se transportait à dos de mulet ou de bête de somme de la fonderie au port le plus proche, pour être ensuite confié aux bateaux massifs destinés aux messageries. La navigation devait être fort active dans nos régions à cette époque.

Malgré les préférences pour les voies fluviales, dans l'intérieur du pays, des charriots pouvaient emprunter les chemins larges, déjà nettoyés, d'un sol résistant. Les sentiers et les voies ne manquaient pas et quantité de ces dernières étaient en bon état de viabilité.

On peut donc assurer que vers la fin de l'époque gauloise, la métallurgie du fer avait acquis un certain développement et que des usines existaient, capables d'alimenter une partie du pays. Le fer employé y était d'une bonne fabrication, capable de fournir des clous de fer résistants employés à l'assemblage des poutres en bois entrant dans les murs de pierre des *oppida*.

### ÉPOQUE GALLO-ROMAINE

Maintenant, si nous passons à l'époque gallo-romaine, nous savons que sous la République l'exploitation minière n'était pas concentrée entre les mains de l'Etat. Sous l'Empire, au contraire,

---

(1) Hérodien, III, 4, 7.

celui-ci s'en assura presqu'exclusivement le monopole. Il faisait exploiter les mines et les carrières soit par des fermiers, soit par des esclaves ou des condamnés, sous la direction d'un procurateur. Quelquefois le procurateur affermait sur place à des particuliers le droit d'exploitation et se contentait de surveiller les fermiers (1).

Dans l'un ou l'autre cas, la partie productive de la forêt était exploitée directement, l'autre indirectement. Après la Gaule, Rome respecta d'ailleurs les habitudes actuelles du pays qui remontaient aux temps les plus anciens, c'est-à-dire de l'organisme de la Gaule (2).

La sidérurgie continua à l'époque romaine à être l'industrie originale de notre région et la recherche du minerai pris une grande ampleur. Ce fut un point immense à l'essor de la métallurgie, et il n'est pas exagéré de dire que jamais ces exploitations ne furent plus multipliées et importantes ; quantité de hautes buttes de scories, semblables à de petites collines, répondent de cette activité industrielle.

Nous ne disons pas que ce soit probable, mais certain, que les exploitations du fer dans l'Yonne se continuèrent sur les mêmes points exploités aux temps gaulois.

Dans la fonderie du fer, les Romains ne firent que suivre les procédés de leurs prédécesseurs qu'ils perfectionnèrent insensiblement. Mais dans la fabrication des alliages, ils furent des maîtres et surent obtenir les alliages les plus simples jusqu'aux plus compliqués, bien adaptés aux usages techniques ou esthétiques. Les Romains du Haut-Empire ont été vantés pour le cachet artistique de leurs objets de fer et de bronze.

Aussi les métallurgies du fer ne cessaient de fonctionner partout où ce minerai se montrait. Des contrées, comme la nôtre, étaient mises en valeur. Le sable s'extrayait pour la construction, les argiles pour la céramique, la craie pour la chaux, la marne

---

(1) R. Cagnat et G. Goyau, *Lexique des Antiquités romaines*, voir *Metalla*, Paris, Thorin, 1895. — Ch. Dubois, *Etude sur l'Administration et l'Exploitation des Carrières dans le Monde romain*, Paris, 1908.

(2) E. Lavisse, *Histoire de la France*, t. II, pp. 60 à 67. — *Pour les Forêts de la Gaule et de l'Ancienne France*, consulter A. Maury, Paris, 1867 ; pour la forêt d'Othe : d'Arbois de Jubainville, *Voyage paléographique dans le département de l'Aube*, Troyes, 1855, p. 214. — *Pour les Sources du Droit rural* A. Bouthors, Paris, 1865, p. 70.

pour l'amendement des terres qui s'opérait déjà selon Pline, à l'époque gauloise (1), le fer, les grès, les silex...

Là où il fallait aller chercher les matières industrielles souterrainement, on n'hésitait pas, et à la Grisière, dans les environs de Mâcon, en ouvrant une carrière, on découvrit plusieurs puits anciens pour l'extraction de l'argile, reliés par des galeries munies encore de leur boisage en châtaignier. L'un de ces points renfermait un treuil en bois, des débris de poteries, d'amphores, une pelle à main... (2).

Non seulement les Gallo-Romains utilisèrent le fer pour la fabrication des armes et quantité d'objets de toutes sortes, mais on peut admettre que les colorations de leurs verres et de leurs émaux ont été obtenues avec de l'oxyde de fer pour les coloris verts, avec de l'oxyde de manganèse pour les coloris violets. Quant à la série des rouges, elle pouvait se produire au feu en oxydant par réduction de l'oxyde de cuivre au moyen de protoxyde de fer. Son exploitation devint donc une source de richesses. Le fer brut se vendait en barre sous forme de cylindres, de gros clous et quelquefois même encore imprégné d'un peu de scories. « Les Romains ne prodiguaient pas leurs métaux, témoin le reproche adressé à Constantin d'avoir fourni du fer au roi de Perse. »

Dans l'Yonne, la conservation parfaite des fourneaux pour la fonte du fer nous parvient rarement, seulement on sait qu'ailleurs il en existe, en quantité réunis sur des emplacements. Récemment, en Belgique, on a découvert à Morvillé, entre Anthée et Rosée, un ensemble considérable de constructions appartenant à treize habitations et usines, avec les restes de cabanes qui les entouraient sur une aire de 800 mètres de longueur sur 200 mètres de large. Un hall de 28 mètres sur 25 mètres devait être un vaste atelier ou magasin. Près de là, on a mis au jour les creusets de six bas fourneaux à fondre le minerai (3).

En étudiant la géographie des ferriers gallo-romains de l'Yonne, elle nous livre naturellement les lieux où le fer était le plus abondant dans nos argiles et on ne peut qu'être frappé de

---

(1) Pline, *Hist. Naturelle*, lib. XVII, cap. VI.

(2) Ann. Acad. Mâcon, 1909, p. 501. — C. F. Bull. Monumental, 1911, p. 324.

(3) Tahon, *Les Origines de la Métallurgie au pays entre Sambre et Meuse.* Rev. Industr., t. XXI. — C.-F. Cumont, *Comment la Belgique fut romanisée,* Soc. Royale d'Arch. de Bruxelles, t. XXVIII, p. 37. — C. Jullian, *La Belgique romaine,* Journ. des Savants, août 1915, p. 341.

l'ingéniosité avec laquelle on savait découvrir les meilleurs gîtes dans les masses forestières, qu'à notre époque nous avons de la difficulté à trouver.

A l'heure actuelle, nous ne possédons qu'une faible idée de l'ampleur qu'atteignirent ces exploitations aux époques gauloise et gallo-romaine, si l'on songe que les Romains utilisèrent pour l'encaissement de leurs grandes voies déjà *les scories gauloises,* ensuite les premières scories de leurs exploitations.

Entre Avrolles (Yonne) et Troyes (Aube), l'antique voie d'Agrippa construite sous Auguste est empierrée avec des mâchefers provenant nécessairement du plus prochain voisinage, de la forêt d'Othe. Sous une couche de terre végétale d'une épaisseur à 1 mètre à 2 mètres, on trouva en 1850 :

        1° Une couche de gros silex....   0 <sup>m</sup>. 12
        2° De la terre blanche.........   0     05
        3° Mâchefers..................   0     05 (1)

Aux environs de Saint-Valérien, dans l'Yonne, on a rencontré également de ces sortes de chaussées dont l'empierrement, à l'époque romaine, a été fait avec des scories, résidus des fonderies du minerai de fer établies sur ce territoire. Ces restes de voies ont presque partout dans l'arrondissement de Sens les mêmes formes et le même mode de construction. Nous donnons le relevé de deux coupes de la voie romaine de Sens à Orléans, opéré, l'un de l'autre côté de Villeroy, l'autre près du hameau du Petit-Paris :

1° Remblai. 0<sup>m</sup>40

2° Scories.. 0 40

3° Cailloux. 0 05

1° Chaussée en cailloux faite postérieurement...................   0<sup>m</sup>25

2° Scories.......................   0 25

3° Marne .......................   0 15

4° Cailloux ....................   0 30 (2)

Ces faits suffisent à démontrer qu'une partie au moins des fer-

----

(1) T. Boutiot, *Notes sur les Exploitations métallurgiques des contrées comprenant le département de l'Aube,* Paris, Impr. impériale, 1867. — *Histoire de la ville de Troyes et de la Champagne méridionale. — Notes sur la Géographie ancienne appliquées au département de l'Aube,* Paris et Troyes, 1861.

(2) Carré, *Voies romaines dans l'arrondissement de Sens,* Bull. Soc. Arch. de Sens, t. VIII, 1863. — C.-F. Augusta Hure, *Notes géologiques et arch. sur la vallée de la Vanne,* Bull. Soc. des Sc. de l'Yonne, 1912, p. 56.

Au xv<sup>e</sup> siècle, des forges de l'Yonne utilisèrent des scories anciennes, puisqu'une charte de 1480 nous dit qu'on allait tirer de la myne ou du *laitier* pour faire myne à faire fer qu'on menait à la forge de Croisy.

riers sont antérieurs à l'ère chrétienne et même à l'occupation des Gaules par les Romains.

Le fait le plus frappant pour la fonte du fer à l'époque romaine dans le Sénonais fut qu'on abandonna l'*emplacement circulaire gaulois sur le sol* pour la *cuvette*, de préférence un peu ovale, elliptique, plus ou moins grande selon l'importance de l'exploitation. Le sommet de ce trou pouvait atteindre jusqu'à 10 à 15 mètres de diamètre et plus. C'était là un procédé avantageux pour obtenir d'un seul coup du fer en grande quantité au moyen de la grande fosse résolue. Arces, Dixmont (la Gargouille), Saint-Sérotin, Sens (rue Savinien Lapointe)..., nous ont offert de ces cavités aux terres brûlées, rougies loin dans leur périphérie par l'oxyde de fer et destinées au traitement du minerai. Ces fourneaux sur les plateaux furent établis sur de légères pentes du sol et l'orientation de leur déclivité indique le point où s'écoulaient les scories. Sur leur fond, qu'on tapissait d'argile, ainsi que leurs parois, qui pendant la fusion s'imprégnaient de matières métalliques, on disposait une couche épaisse de charbon de bois, puis ensuite une couche de minerai et ainsi de suite jusqu'à ce que le trou soit rempli. A la fin, on recouvrait le tout d'argile et de glaise qui, à l'heure actuelle, jouent un si grand rôle et tiennent tant de place dans les ferriers.

Comme une tuyère de fourneau à minerai en poterie fut trouvée dans un ferrier entre Mézilles et Toucy, dans l'Yonne (1), que des restes de poteries dans les ferriers de Saint-Sérotin et autres semblent annoncer de semblables objets, il convient d'envisager que des cylindres de terre séchée ou de terre cuite, assez analogues aux tuyaux de drainage cylindriques, étaient placés dans les fourneaux pour faciliter la combustion. Ces cylindres, posés obliquement dans le centre du fourneau et appuyés sur les bords du trou, dépassaient seuls l'orifice. D'autres moyens purent s'utiliser pour la fonderie et qui jusqu'alors nous échappent.

A Mézilles, trois masses de scories étaient percées de trois cônes convergeant vers une seule ouverture : le nez de la tuyère (2).

A Saint-Sauveur (arrondissement d'Auxerre), on a découvert des petits fourneaux en grès, en forme de cylindres creux, hauts de 0ᵐ30, larges de 0ᵐ12 et percés d'un trou à la partie inférieure (Quantin, Répertoire, 1868).

---

(1) Bulliot, *Tuyère de Fourneau à minerai romain trouvée entre Mézilles et Toucy (Yonne)*, Mémoires de la Soc. Éduenne, 1896, p. 429.

(2) Bull. Soc. Arch. de Sens, t. XII, p. 354.

Au château de Bontin, M. de Guerchy y a vu .une sorte de tuyère très grossière en argile, trouvée dans un ferrier, qui avait dû servir à une soufflerie primitive.

Ces grandes fosses convenaient pour une production régulière et uniforme. Dans ces fonderies, l'introduction du vent devait donner lieu à des variantes suivant les régions. Il se peut que dans l'Yonne, au lieu d'un rang de tuyères, on en disposait deux rangs espacés à des intervalles verticaux. On se servait alors du rang inférieur, puis on le bouchait quand la fonte montait jusque-là et on ouvrait celui du dessus. On pouvait ainsi produire et emmaganiser plus de métal, ce qu'annoncent d'ailleurs les grandes dimensions de certaines fosses. L'avantage de ce système était de distribuer le vent dans toute la masse.

Aux alentours des fonderies se groupent les amas de scories, parfois immenses, circulaires, elliptiques, quadrangulaires. La coupe de la plupart de ces monticules, exploités depuis de longues années pour les besoins de la vicinalité, annonce qu'ils s'érigèrent au fur et à mesure que se vidait et se remplissait la fosse de combustion. On entassait les résidus de fer, venaient ensuite les cendres, les restes de charbon de bois, les argiles...

Dans les ferriers de l'Othe, dans ceux d'Aillant, de Saint-Sérotin..., ce n'est qu'un vaste amoncellement de scories, d'argile calcinée durcie et rubéfiée par l'action du feu, déterminant parfois de véritables strates artificielles et où se retrouvent de cà de là des fragments de minerai brut.

Les exploitants romains continuèrent le traitement du minerai de fer par le charbon de bois et ne semblent pas avoir fait usage de grands fondants (1). On ne comprend guère qu'étant si experts, ils n'ont pas un instant songé à l'emploi du carbonate de chaux, qu'offrait la craie, comme neutralisant de notre minerai forcément siliceux par le sable sparnacien, afin d'éviter la production de scories riches en fer. S'ils s'étaient servis ainsi de ce contre-acide, nous en aurions la preuve par la présence de scories calcaires. Les industriels ont demandé à des argiles, à forte base calcaire, cet élément pour leur fourneau ; aussi les argiles entrent-elles beaucoup dans les buttes de scories.

A l'exemple des Gaulois, les Romains n'obtinrent que des sco-

_______________

(1) Le charbon de bois se voit souvent dans les buttes de scories ; son usage à cette époque et avant semble donc bien établi ; déjà, au Moyen Age, de vieilles légendes ont trait aux charbonniers des Ardennes.

ries pesantes, relativement peu de fer pur. Aussi tous ces débris anciens sont-ils avantageux dans le cas où on pense les refondre.

Quantité de ferriers secondaires dénotent de petites exploitations et les hommes qui les produisirent s'établirent, comme les charbonniers à notre époque, au milieu des bois.

Dans ses *Recherches historiques sur Auxerre* (1), Leblanc-Davau dit qu'on reconnaît encore dans des ferriers de Toucy la place qu'occupait le fourneau entre deux tas de scories. « Les pains de laitier conservés n'ont qu'environ 0m40 de diamètre sur 0m15 d'épaisseur. On y découvre de petites quantités de matières échappées à la fusion, du charbon, du grès jaune en poudre et de l'argile. » Des tas énormes de scories de fer sont déposés çà et là dans les forêts ou dans les terrains défrichés, sur une étendue de pays de 40 kilomètres. On a trouvé, en 1829, dans l'un de ces ferriers, une plaque de fer et un marteau.

Nous ne croyons pas, comme d'aucun le prétendent, que les nombreux étangs gâtinais eurent pour cause première les larges fosses d'extractions du minerai, élargies ensuite pour les besoins de la pisciculture. Autour de ces étangs, on ne remarque guère de scories. D'ailleurs la ligne des ferriers de la rive gauche de l'Yonne s'étire en une longue zone extérieure gâtinaise sans pénétrer beaucoup dans ce pays. Seulement, nous ne sommes pas éloignés de croire que des étangs de Dillo, de Saint-Ange, de la Puisaye... furent ainsi amorcés par les amples recherches du minerai de fer à ces endroits et dont auprès les puissants ferriers seraient un témoignage.

*Les scories de l'époque gauloise possèdent une uniformité dans leur aspect et dans leur densité ;* dans les scories romaines, on observe plus cette régularité. Des parties celluleuses, en nids d'abeille, se voient à la surface de certains mâchefers ; des morceaux sont moins denses, plus irisés, plus chatoyants dans leur couleur. Des tons rutilants et multicolores de *marcassite* (sulfure de fer) soulignent quantité de scories ; les buttes de Saint-Sérotin, les scories de la Gargouille de Dixmont sont curieuses à cet effet. Il serait étonnant que les artisans de ces temps, grands amateurs de bijoux, n'eussent pas été frappés de la ressource ornementale qu'offraient ces matières chatoyantes.

Des scories sont denses et en moyenne leur teneur en fer atteint 45 à 47 0/0. D'autres sont plus légères, avec des surfaces

---

(1) *Auxerre*, 1871, p. 392.

vitrifiées, fait qui ne s'observe pas aux époques pré-romaines. Les scories de fer d'aujourd'hui atteignent à peine 1 0/0 de fer.

Dans une des grandes buttes de Dillo, celle exploitée à l'heure actuelle pour la vicinalité, des scories choisies sont excessivement riches en oxyde de manganèse et comportent une teneur élevée allant parfois plus de 5 0/0, que nous n'avons jusqu'alors nulle part retrouvé. Répétons que ce sont là des échantillons de choix.

Pour la refonte, ces débris ferrugineux sont des plus intéressants, parce que, nombreux déjà, ils ne contiennent que peu de phosphore : 0,08 en général. Des ferriers vont jusqu'à titrer 52 0/0 de fer (Tannerre par exemple). Il y a 25 0/0 de silice en moyenne et c'est cette silice qui rend difficile le traitement des scories.

On trouve aux environs de Tannerre-en-Puisaye et de Villiers-Saint-Benoît de nombreux vestiges d'exploitations gallo-romaines. Ordinairement, ils consistent en trois cuvettes circulaires d'environ deux mètres de diamètre indiquant l'emplacement des anciens puits et placés en triangle à quelques mètres de distance.

*Analyse usuelle des scories desséchées à 100° par la maison Campredou, de Saint-Nazaire (1) :*

| | | | | |
|---|---|---|---|---|
| Silice | 21 72 | | | 0/0 |
| Alumine | 7 83 | | | — |
| Oxyde de fer | 66 92 | Fer | 50 32 | |
| — de manganèse | 2 55 | Manganèse | 1 98 | |
| Chaux | 0 27 | | | |
| Magnésie | 0 36 | | | |
| Soufre | 0 07 | Soufre | 0 07 | |
| Acide phosphorique | 0 18 | Phosphore, | 0 08 | |
| Non dosé et pertes | 0 10 | | | |
| 100 » » | | | | |

Analyses des ferriers de Tannerre faites pour M. de Wendel en

---

(1) Analyse et renseignements adressés dans une lettre par M. L. Gaultier, Directeur des gisements de fer et scories de l'Yonne, à M. J. Lambert, de Troyes, qui a bien voulu nous les communiquer.

décembre 1906 et communiquées à la Société des Sciences de l'Yonne par M. de Guerchy :

| | | ÉLÉMENTS UTILISABLES |
|---|---|---|
| Silice................... | 31 80 | — |
| Acide phosphorique..... | 0 25 | |
| Alumine............... | 9 92 | Phosphore......... 0 10 |
| Protoxyde de fer........ | 49 52 | Fer.............. 28 52 |
| Manganèse ........... | 3 61 | Manganèse ........ 2 80 |
| Chaux................. | 1 45 | |
| Soufre................. | traces | |
| Magnésie ............. | 3 42 | |

« La constitution physique des scories est d'ailleurs souvent un empêchement à la généralisation de leur emploi dans les hauts-fourneaux, c'est-à-dire qu'un fourneau ne pourrait pas avoir sa charge d'entrée composée uniquement de scories sans addition de minerai naturel. En effet, la scorie est un silicate de fer fondu, vitrifié, il s'en suit que la formation du fer dans la partie haute du fourneau est difficile, le rendement du fourneau est diminué de ce fait et du chef qu'il faut faire une addition de fondant pour permettre le traitement de la scorie. » Les hauts-fourneaux, quand ils emploient ces matériaux, ne dépassent pas 8 0/0 de la production du minerai au chargement.

En ce qui concerne le fondant, le carbonate de chaux, que contiennent nos craies et nos calcaires, paraît tout indiqué.

Faut-il aussi rappeler le rôle que joua, pendant la guerre, la craie phosphatée de Saint-Martin-du-Tertre, près de Sens, dans des aciéries françaises, notamment dans celle de Decazeville (afin d'obtenir sans doute des fontes particulières ; fontes et mise en pratique des procédés Thomas et Gilchrist).

Jusqu'à ce jour, auprès de nos ferriers aucune inscription, aucun monument aux grands dieux seulement des restes de simples constructions consistant en tuiles à rebords, en tessons de poterie, en briques (voir Saint-Sérotin), restes probables de modestes demeures, de halls, de tuyauterie.

La tuile à rebords, rencontrée seule autour des ferriers, ne pourrait les dater parce qu'elle fut employée jusqu'aux temps mérovingiens.

A l'Est du département, on peut examiner auprès des étangs Saint-Ange de grosses buttes de scories ; ces ferriers ont abondé dans l'Othe et les plus importants sont sur les communes de Dillo, Bussy, Bellechaume, Courgenay, Joigny, Venisy, Arces, et surtout Sormery, où ils occupent plus de trois hectares de superficie. Au sud, on en trouve d'aussi nombreux et d'aussi important-tants dans la Puisaye. Les territoires d'Aillánt, Tannerre, Mézilles, Dracy, Lavau, Charny possèdent des buttes de scories dont quelques-unes atteignent jusqu'à 10 à 12 mètres de hauteur. Au nord-ouest, ce sont les ferriers de Saint-Sérotin, de Saint-Valérien, de Chéroy, Brannay.

Toutes les grandes fonderies sont inscrites sur les plateaux. Vers la fin de l'empire, on commença à descendre dans les vallées, auprès des grands centres. A notre avis, ce ne sont pas encore à cette époque les forces hydrauliques qui attirèrent sur ces points de petites fonderies; *seulement le besoin de la sécurité qui, avec les premières invasions germaniques, se faisait sentir* et entravait déjà la sidérurgie forestière.

La remarque de scories très lourdes autour de la Motte-du-Ciar, de Ste-Colombe-lès-Sens, de Véron, dans la vallée de l'Yonne, n'est pas davantage extraordinaire; elles purent être conçues sous les mêmes principes. On pourrait encore les expliquer en ce sens que sous l'Empire les grandes familles avaient leur fabrique de poterie, de briqueterie, leur métallurgie dans leurs domaines. En tout cas, ce furent là de très petites fonderies. La Sens romaine dut posséder plus d'une de ces fabrications, car le chemin du halage, près du pont de fer de la ligne ferrée de l'Est, fut construit avec quantité de ces lourds matériaux pesants ferrifères, tirés des fondations de la ville. En 1910 surtout, les inondations mirent à nu ces masses de scories qu'accompagnaient des déchets d'objets en fer.

Malgré la difficulté qu'on éprouve de séparer entre elles les scories gallo-romaines, on pourrait avec de la patience établir la contemporanéité de quelques ferriers. Ainsi, par exemple, le ferrier exploité à Saint-Sérotin, qui se trouve à la sortie du village en se dirigeant vers Parroy, peut parfaitement s'assimiler comme époque avec le ferrier disparu de Dixmont du lieu dit la Gargouille, et nous ne nous éloignons guère en les portant au $II^e$ siècle de notre ère; même procédé de fosses, mêmes résultats améliorés et progressifs dans les scories irisées, dont beaucoup à surface celluleuse, vitrifiée.

Vers Joigny, deux ferriers des Chênes-de-Haut-le-Pied formaient d'énormes buttes situées à environ 50 mètres de distance l'un de l'autre. La plus importante, celle du nord-est, a environ 15 mètres de hauteur et 150 mètres de circonférence à la base ; le sommet de 15 à 16 mètres carrés de surface ; celle-ci paraît presque entière. La deuxième butte, celle du sud-ouest, maintenant disparue, semble avoir présenté le même volume.

Une tranchée laissait apercevoir des scories entremêlées de sables, d'argiles. Comme partout autour de ces centres, on trouve des scories parsemées sur de longues distances. Dans leur voisinage existaient, d'après Villiers, deux puits maintenant comblés, témoignage probable d'anciennes habitations (1). Rappelons que nous avons observé..., vers les ferriers de l'étang Saint-Ange, l'existence de deux puits ou citernes.

« La Ferté-Loupière, du canton de Joigny, est également un établissement pour la fonte du minerai de fer. On voit au hameau des Rabiers, proche la Vieille-Ferté, d'énormes amas de scories dits les Buttes. » Auprès de l'enceinte formée par ces amas, sont encore les fondations de tours indiquant une place forte élevée apparemment dans des temps reculés. Aux temps historiques, on continua la fonte du fer au même lieu où se trouvait la Manœuvrerie, au milieu du xviiiᵉ siècle (2).

Malgré qu'à l'époque de Vitruve on employât le moulin à eau pour moudre le grain, il se peut que la Rome antique fît quelques essais de force hydraulique pour la fonte du fer. Mais à ce sujet rien ne nous est connu.

Ajoutons que Francis Laur a trouvé que la forêt d'Aillant pouvait produire 300.000 tonnes de scories groupées en buttes atteignant parfois, comme nous le disons, 15 à 20 mètres d'élévation.

Dans la Nièvre, tout près de l'Yonne, il y en a à Saint-Amand et surtout à Argenou.

Dans l'Aube, dans la région de Maraye-en-Othe et Bercenay-en-Othe, M. J. Lambert, de Troyes, parle d'un de ces gisements couvrant 4 hectares et évalué à 120.000 mètres cubes ; un autre groupement existe entre Vendeuvre et la Villeneuve-au-Chêne.


### ÉPOQUE POST-ROMAINE


Certainement, des exploitations du fer furent abandonnées pendant une période plus ou moins longue de l'envahissement franque. Seulement, il ne faut pas croire que les temps mérovin-

---

(1) Villiers, *Excursions minéralogiques*, Bull. Soc. Sc. de l'Yonne, 1858, p. 262.

(2) F. Thierry, *Notice historique sur les Châtellenies de la Ferté-Loupière*, Annuaire de l'Yonne, 1857, p. 208.

giens aient perdu la connaissance de ces fonderies qui se poursuivirent dans l'Yonne jusqu'au jour où elles ne purent soutenir
la concurrence avec les mines beaucoup plus riches et le procédé
des fontes au coke.

Les Chartes ne font guère mention de ces exploitations anté-
rieurement au XII<sup>e</sup> siècle. Après, leur existence est constatée par
des documents écrits, et bien que quelques-unes superficiellement
exploitées, des forges se continuèrent du XV<sup>e</sup> au XIX<sup>e</sup> siècles.

Après la chute de l'empire romain et pendant les périodes suivantes, la fonte du fer dans l'Yonne se poursuivit, peut-être avec
moins d'activité, cependant avec les mêmes procédés.

Dans la vie de saint Germain, on voit que les barbares s'établirent avec leur roi Eocharich et leurs nombreux troupeaux
entre Auxerre et la Loire, dans la Puisaye, pays fertile et y cher-
chèrent le fer dont ils avaient besoin (1).

Ce n'est guère qu'aux époques historiques que des régions, des
territoires empruntèrent leur dénomination à l'établissement sur
leur sol de fonderies de fer et ces noms prouvent l'exploitation
continue du minerai après le V<sup>e</sup> siècle.

Presque toutes les forges, citées dans les actes ou inscrites sur
la carte de Cassini, sont situées dans les vallées. Il y a de très
rares exceptions à faire. Ces forges avaient réalisé un grand pas,
puisqu'elles appelaient à leur aide la force des cours d'eau. Elles
comprennent de petits ateliers des XIV<sup>e</sup>, XV<sup>e</sup> et même des XVI<sup>e</sup>
et XVIII<sup>e</sup> siècles avec des amas de scories différentes dans lesquels
on observe des résidus plus vitreux, plus légers, dénotant une
force plus énergique et des productions meilleures. Comme aux
temps anciens, le minerai provenait des dépôts superficiels des
plateaux. Dans le langage courant, des scories sont dites *sarra-*
*sines*, quelque soit leur époque. C'est surtout le mâchefer léger
des vallées qui a fourni écrasé aux potiers de la Puisaye une
poudre utilisée dans la plombure de leur poterie vernissée. Ces
moulins à laitier existaient sur le ruisseau de Boudou à Jendin,
près Moutiers; trois autres sur la Vrille, dans la commune de
Treigny, au bourg; à la Râpée et à Perchin. Il y avait 18 de ces
usines en 1835 (2).

Le haut-fourneau a commencé à fonctionner dans l'Aube, vers
1500. Dans l'Yonne jusqu'en 1852, il en existait trois principaux

---

(1) Leblanc-Davau, *Recherches hist. el stat. sur Auxerre*, Auxerre, 1871,
p. 393.
(2) Leymerie et Raulin, *Statistique...*

à Ancy-le-Franc, à Aisy, à Frangey (arrondissement de Tonnerre). De 1825 à 1875, vers Gigny et au-delà, le minerai de fer
s'est extrait en quantité que l'on conduisait aux forges d'Ancy-
le-Franc ou de Sainte-Colombe, près Châtillon (1).

En 1848, à l'époque où Leymerie et Raulin donnaient les renseignements suivants, des patouillets ou lavoirs à minerai existaient pour Val-de-Jully, Gigny, Sennevoy-le-Bas, Jully, Ravières,
Nuits. Dans les trois premières communes, ces minerais étaient
lavés à peu de distance des points d'extraction à l'aide des eaux
des ruisseaux voisins; dans les deux dernières, les lavages s'exé-
cutaient dans les petits bras de l'Armançon. A Ancy-le-Franc et à
Frangey, il y avait un lavoir attenant à chacune de ces fonderies.
A Aisy, on lavait également dans cette rivière les minerais d'Etivey et de Châtel-Gérard. A Yrouerre, il y avait aussi plusieurs
patouillets pour les minerais qu'on y a extraits.

Au XIXᵉ siècle, le département possédait donc sur l'Armançon
trois grandes fonderies, dont l'exploitant faisait partie de l'asso-
ciation des Maîtres de forges du Châtillonnais et de Commentry.

A Ancy-le-Franc l'établissement, fondé en 1821, se composait :
d'un haut-fourneau marchant au *charbon de bois* et tirant ses
minerais du Val-de-Jully et de Varennes, près de Ligny-le-Châtel ;
il y avait un patouillet et un bocard ; 2º une forge à l'anglaise
renfermant 6 trains de laminoirs, 6 fours à pudler et 3 fours à
réchauffer ; 400 ouvriers étaient employés à produire la fonte
moulée et de la fonte que l'on transformait en fer laminé de tous
échantillons.

A Vireaux, l'établissement de Frangey se composait d'un haut-
fourneau marchant au charbon de bois et tirant ses minerais
également du Val-de-Jully et de Varennes ; il y a un patouillet et
un bocard. Deux feux de forges à marteaux ont été éteints quelques années avant 1848 et à cette dernière époque on ne produisait
plus que de la fonte.

A Aisy, la forge, qui date de la seconde moitié du XVIᵉ siècle,
était vers 1848 en chômage complet ; les deux hauts-fourneaux
qui employaient les minerais d'Etivey et de Châtel-Gérard ont
cessé leurs feux en 1850 ; ils donnaient de la fonte envoyée pour
la plus grande partie à Ancy-le-Franc. Deux forges marchaient

----

(1) Abbé Jobin, *Notes historiques sur Gigny* (canton de Cruzy-le-Châtel),.
Bull. Soc. Sc. de l'Yonne, 1901, p. 61.

très peu et produisaient du gros fer seulement ; elles ont été éteintes définitivement en 1851. L'usine employait 30 ouvriers.

Il y avait en outre d'autres petites forges sur divers points. A Lézinnes, sur l'Armançon, une forge à un marteau marchait peu en 1846 au moment où on se disposait à la transformer en tréfilerie.

A Tannerre, sur le Branlin, vers 1848, il y avait encore une forge avec un petit martinet employant deux ouvriers et ne produisant plus, avec des ferrailles surtout de Paris, que dix milliers de barres de fer au lieu de trois cents qu'elle donnait autrefois.

Saint-Martin-des-Champs, sur le Loing, vers la même date, employait trois ouvriers qui transformaient des fontes en fer avec lequel on y faisait des instruments et ustensiles pour la consommation du pays. Enfin, dans les dernières années du xviiiᵉ siècle, il y avait encore sur le Loing les deux petites forges de fer de Saint-Privé et de Bléneau (1).

D'après le tableau que donnent Leymerie et Raulin dans leur *Statistique* (p. 169), la quantité de minerai de fer extraite, abstraction de quelques fluctuations, a été croissant de 1834 à 1844, ensuite en diminuant pour descendre en 1852 à un taux inférieur à celui de 1834. Ce fait est en rapport avec le chômage de l'usine d'Aisy produit par des arrangements financiers entre les maîtres de forges et ne tient pas à l'apauvrissement ou à l'épuisement des minières.

La production de la fonte a été en augmentant de 1834 à 1843 ; considérablement réduite en 1845, elle atteint sa grande extension en 1847 ; ensuite elle s'est ralentie, et pendant les années 1850 et 1852 tomba à un taux très inférieur à ceux qu'elle avait toujours atteints depuis 1834. A partir de 1843, le moulage de la fonte en deuxième fusion a été pratiqué constamment. La production du gros fer qui, par l'affinage comtois, était restée stationnaire jusqu'en 1840, est devenue presque immédiatement huit fois plus considérable à la suite de l'introduction de l'affinage anglais ; pendant les années 1846-1849, elle a été extrêmement grande ; en 1850 et 1851, elle est tombée à moins de moitié de ce qu'elle avait été ; mais en 1852, elle est redevenue presque semblable à celle de 1849 (2).

En 1834, l'extraction du minerai de fer brut dans l'Yonne

---

(1) Leymerie et Raulin, *Statistique*, pp. 176, 177.
(2) Leymerie et Raulin, *Statistique*, p. 177.

débuta à 84.360 quintaux métriques, pour atteindre en 1842 l'évaluation de 492.000 ; en 1852, elle n'atteignait plus que 60.733 quintaux métriques.

D'après les valeurs créées par la fabrication et les élaborations principales de la fonte du fer pendant les années 1833-1846, tant dans notre département que dans la France entière, on a pu indiquer la place qu'occupait l'Yonne dans la série des forges, dont celles de la Haute-Marne occupaient le premier rang et que terminaient celles de la Drôme. Dans les années prospères, nous voyons les forges yonnaises occuper le 26e rang (1842), le 30e rang (1843), puis des variations les portant du 36e au 40e rang. En 1838, elles atteignirent leur rang le plus inférieur, soit le 47e (1).

Les ferriers des vallées, qui sont en général forts petits, existent près des divers cours d'eau, notamment à Saint-Julien-du-Sault ; Saint-Romain-le-Preux, sur le ruisseau de Saint-Vrain ; Malicorne, sur le Branlin ; Rogny, sur le Loing ; à Montacher, sur le Lunain... Il y en a souvent près de hameaux et de moulins, dits de la Forge, dont le nom rappelle des usines métallurgiques, comme à Theil-sur-Vanne, Saint-Julien-du-Sault, Sommecaise (le Fourneau), sur le ruisseau de Saint-Vrain ; Dracy (la Forge-Neuve), sur l'Ouanne ; Saint-Sauveur, sur le Loing ; Malicorne et Champignelles, sur le Branlin ; Bléneau, sur le Loing ; la Forge, à Saint-Martin-des-Champs ; à Tannerre, sur le Branlin (2), etc.

Dans l'Aube, à proximité de l'Yonne, on connaît dans les cantons d'Aix-en-Othe et d'Estissac quatre forges à l'eau, deux dans chaque canton (3).

Aux xve et xvie siècles, comme aux époques précédentes, inutile d'aller chercher au loin le fer qui s'exploitait dans la région. « Celui-ci, nécessaire à la construction de la tour de l'horloge d'Auxerre, est sorti des ateliers de Martinet-Duchesne, maître des Forges de Sougères-sur-Sinotte, à une lieue et demie de la ville. En 1493, un marchand (métallurgiste sans doute) de Moulins-sur-Ouanne, vend 3 milliers de fer à un coutelier d'Auxerre. Le chapitre de Sens, lors des grands travaux qu'il fit faire aux xve et xvie siècles à sa cathédrale, se pourvoit de clouterie à Coulours

---

(1) Consulter le tableau p. 170 de Leymerie et Raulin, *Statistique*.

(2) Leymerie et Raulin, *Statistique*, p. 179. — A. Lesire, *Notes sur Toucy*, Bull. Soc. Sc. de l'Yonne, 1907, p. 320.

(3) Voir T. Boutiot, *Notes sur les Exploitations métallurgiques des contrées composant le département de l'Aube*, Impr. impériale, 1867.

et à Rigny-le-Ferron (1). » Il semble bien, d'après les documents que nous avons recueillis dans nos archives, qu'un regain de prospérité s'est fait sentir dans l'industrie de la fonte du fer vers les xv⁰ et xvi⁰ siècles.


### RÉSUMÉ

Dès l'Age du Bronze a commencé, ailleurs que dans l'Yonne, la séparation du fer de ses oxydes par une méthode ultra-primitive et à l'addition de quelques parcelles de ce métal dans les alliages du cuivre.

Dans l'Yonne, les temps celtiques hallstattiens ont vu les débuts de la métallurgie, quoiqu'ils restent encore obscurs pour notre histoire en regard de leur peu d'importance, de leur dispersion et de ce qu'il faut les chercher avec une industrie en silex.

Beaucoup de nos localités possèdent des scories de fer, mais jusqu'alors il était difficile, en l'absence des recherches méthodiques, d'en évaluer l'âge approximatif. Nos informations à cet égard, plus précises, obtenues à l'aide de nos études et de nos découvertes, sont d'accord pour établir déjà l'importance de la sidérurgie gauloise dans l'Yonne pendant le millénaire qui a précédé l'ère chrétienne.

Beaucoup de localités possèdent encore de ces traces de fonderies, des vestiges d'exploitations minières qu'il est difficile de découvrir dans les bois.

D'autre part, comme la méhode primitive de fondre le minerai se prolongea au Moyen Age, il résulte une complexité dans ces matériaux d'époques si diverses accumulés sur de mêmes points avec tant de ressemblance.

Il est indéniable qu'à l'époque gauloise notre sol était en possession de populations actives, rompues à l'extraction des minéraux usuels et que des ouvriers spéciaux formaient comme des petites castes particulières. Là, dans la forêt, se fondait le minerai retiré sur place. Il fallait dans ces masses de verdure un œil exercé, une routine pour en saisir les moindres avantages.

Bien des endroits avec leur faible rendement en scories n'indiquent pas d'installations fixes, on se déplaçait au fur et à


---

(1) Eug. Drot, *Recueil de Documents tirés des Anciennes minutes de notaires déposées aux Archives départementales de l'Yonne*, Bull. Soc. Sc. de l'Yonne, 1901, p. 162.

mesure que le minerai s'épuisait. Des abris sommaires devaient s'élever à proximité du travail, peut-être à moitié enfouis dans le sol et où vivaient les hommes exercés à la recherche du fer. Comme les Gaulois regorgeaient d'esclaves, ces travaux devaient en occuper beaucoup.

D'autre part, il est inutile d'aller chercher à l'étranger l'origine de certains instruments en fer. Aux Yonnais protohistoriques industriels nous sommes responsables de beaucoup d'entre eux et il faut renoncer à la théorie que tous les outils de fer étaient d'importation.

Quoiqu'il en soit, il paraît certain qu'à l'époque gauloise la forêt d'Othe fut un des points florissants du fer. Déjà la civilisation préhistorique y était excessivement répandue et prospère, avec ses ateliers spéciaux et ses nombreuses stations. Ce fut un centre de production intensive pendant de longues périodes, un foyer ayant suscité autour de lui une société géographique. A chaque pas dans cette région, l'œil rencontre de ces restes. Au moindre grattage sous la mousse, l'humus des bois nous livre des scories.

Les procédés employés par les populations gauloises pour fondre le minerai de fer, nous sont désormais connus et présentent partout dans le Sénonais un même dispositif : le bas-foyer circulaire sans fosse dont le diamètre variait peu. Par lui-même il ne s'est pas conservé et n'est représenté que par des scories lourdes compactes, le sol noirci, les cailloux brûlés... Leur ensemble témoigne tantôt de petits groupes d'exploitants, tantôt d'exploitants isolés.

Entre le système des bas-foyers gaulois et le système romain par fosse nous observons une différence. C'est un nouveau pas vers le progrès, et quoique la réduction du fer restait une opération laborieuse et difficile, elle se faisait plus aisément, plus grandement, d'un seul coup. Malgré tout, les scories s'allégèrent fort peu en fer. Le profit ne porta que sur un rendement plus actif, produisant un véritable essor, indiquant que la sidérurgie développait considérablement la capacité de ses fonderies.

Somme toute, les Gaulois avaient un matériel varié, des procédés industriels pratiques que les Romains ne dédaignèrent pas de leur emprunter. La Gaule a préludé par son activité de toute sorte au rôle que devait jouer l'empire romain, ou si l'on préfère, la Gaule unifiée et pacifiée. Sur ce point, la domination romaine ne changea guère la face des choses. Les villes gauloises étaient bâties en bois et en terre, les Romains apprirent aux Gaulois à les bâtir en pierres, en briques, en marbre, mais à côté ils ne leur apprirent pas beaucoup mieux à fondre le fer. Les Romains n'appréciant pas encore les grands fondants pour la réduction du fer, ils se servirent pour cela des argiles calcaires.

Seulement les grandes fosses des fourneaux permirent une allure rapide pour la fonte, des couches épaisses de minerai et de charbon de bois, et d'un seul coup un rendement plus important en fer.

Aux scories gauloises la couleur noire-verdâtre ou bleuâtre, la nuance chocolat en cas d'excès de fer. Aux scories romaines, la couleur noire, les irisements, les aspects de marcassite, les sur-surfaces celluleuses et vitrifiées compactes, les terres rougies autour des fosses sur de longs espaces. Les ferriers importants expliquent peut-être l'exploitation particulière d'hommes riches, à qui avait sans doute échu aux temps romains la forêt indivise des temps gaulois. Depuis longtemps beaucoup de ces buttes sont amoindries, disparues par les exploitations anciennes et modernes, employées à la construction des chemins, à l'entretien des routes, à l'établissement de petites lignes ferrées locales nous donnant de la sorte, à l'heure actuelle, qu'une bien faible idée du développement de la sidérurgie romaine dans notre pays malgré son importance. Le volume des ferriers comme ceux des étangs Saint-Ange, d'Aillant, de Sormery... atteignant de 8 à 10 mètres de hauteur sur 500 mètres de diamètre et plus, donnent à conclure au travail qui devait en résulter au moyen de fonderies si simples. Des ferriers montrent des matériaux assez régulièrement stratifiés, comme nous l'avons observé dans une butte de Saint-Sérotin ; d'ordinaire ils sont irrégulièrement stratifiés, comme les produits entassés des hauts fourneaux actuels, tels ceux de l'étang, de Saint-Ange, de Tannerre...

Les hommes qui les produisirent travaillaient fort mal, cela est possible, seulement ils retirèrent au moins la moitié du fer contenu dans le minerai, et il dût sortir de leurs forges à peu près la quantité de fer qu'ils ont laissé (1). Des extractions furent reprises, continuées sur les mêmes points gaulois et poussées plus profondément, plus largement. La facilité d'obtenir le minerai a dû faire la réputation de notre département, et c'était là un avantage sur

---

(1) Tartois, *Recherches relatives à la fabrication du fer sur la rive gauche de l'Yonne*. Bull. Soc. Sc. de l'Yonne, 1854, t. 8, p. 9. — id. *Lettre sur les forges du dépt.* Annuaire de l'Yonne, 1846, p. 217.

d'autres gisements plus importants mais difficiles à se procurer. De nouveau, il n'est nullement nécessaire d'admettre des étrangers pour expliquer cette industrie qui s'est développée sur notre territoire et resta purement régionale. Ce sont des aborigènes connaissant parfaitement le pays qui allumèrent les premiers feux des fonderies. On peut dire qu'en se livrant à de persévérantes prospections les Romains ont amoindri et épuisé quantité de points jadis productifs en minerai de fer.

Aux alentours des énormes ferriers, d'autres amas de scories réunis, insignifiants ou dispersés nous apparaissent comme des satellites de ces centres actifs.

Des buttes ont livré des objets gallo-romains ; bien peu nous en donnèrent d'époque gauloise, et les découvertes opérées dans divers ferriers et dans leur voisinage, ainsi que nos observations personnelles, nous renseignent que l'apogée de la production du fer dans l'Yonne dut avoir lieu *vers la fin du Ier siècle et au IIe siècle de notre ère.*

Partout où les bois et les cultures montrent quantité de terrassements, signe évident de la recherche du minerai, on peut se rendre compte de l'irrégularité des dépôts de fer dans nos argiles, comme une suite d'amoncellements groupés et isolés.

Ce que nous savons maintenant, c'est que des fonderies antiques se développèrent, grandirent sous l'influence de grands besoins et de procédés plus actifs, formant à l'heure actuelle quatre groupes distincts : celui du sud-ouest, se poursuivant dans la Nièvre, celui de la région d'Othe, se poursuivant dans l'Aube, celui de Saint-Sérotin, celui du canton de Vézelay, centres miniers dispersés dans les bois, annonçant des séjours séculaires, des travaux persévérants et immenses, des recherches très soutenues, véritables circonscriptions des argiles et des marnes productives en fer.

Le premier groupe, sud-ouest, est le plus important au point de vue économique et atteste un passé industriel du fer excessivement actif. Il s'étend jusque sur la bordure du Gâtinais sans beaucoup y pénétrer, depuis Villefranche-Saint-Phal jusqu'à Lavau, dans les cantons d'Aillant, Charny, Saint-Fargeau, Bléneau, Les principaux ferriers sont dans les communes de La Ferté-Loupière, Grandchamp, Aillant, Merry-la-Vallée, Sommecaise, les Ormes, la Villotte, Dracy, Tannerre, Mézilles, Saint-Martin-des-Champs, Fontaines, Lavau. Là, sur de nombreux points, des ferriers sont serrés entre eux et il y aurait encore à faire, d'autant que leur évacuation apparaît assez assurée par des

voies ferrées régionales. Malgré tout, ces matériaux s'amoindris-
sent tous les jours, comme ailleurs, sous des exploitations vici-
nales.

Le second groupe, de l'Othe au nord-est et confinant à l'Aube,
est compris entre Courgenay et Brienon ; ses grands ferriers
s'inscrivent sur les communes de Sormery, Venizy, Bellechaume,
Bussy-en-Othe, Arces, Dillo, Coulours, Bœurs, Courgenay, Villechétive, Joigny. Après le groupe sud-ouest précédent, il fut le plus
exploité sur une grande superficie. Les prospecteurs gallo-romains
ont suivi la bordure de l'Aube jusqu'à la vallée de l'Armançon.
L'évacuation des scories de ce groupe est jusqu'alors insuffisam-
ment assurée, et la chose est d'autant plus regrettable que des territoires contiennent des ferriers riches.

La richesse ferrifère du troisième groupe, Sénonais-Gâtinais,
se concentre surtout autour de Saint-Sérotin et se soude à celle
du premier groupe par les ferriers de Bussy-le-Repos et de Villefranche-Saint-Phal ; c'est la bande la plus étroite avec des amas
à Saint-Valérien, Chéroy.

Le quatrième groupe comprend le sud et le sud-est de l'Yonne
et les minières des territoires d'Etivey, de Châtel-Gérard, de
Ligny, des communes d'Yrouerre, de Sambourg, de Gigny, de
Sennevoy-le-Bas, de Jully, du canton de Cruzy-le-Châtel, alimen-
tèrent pendant de longs siècles les hauts fourneaux d'Aisy, de
Jully, de Frangey, de Cusy, de Lézinnes, de Buffon. Ces assises
ferrugineuses se poursuivent vers l'Est, dans la Côte-d'Or, ou de
nombreuses exploitations eurent lieu, notamment aux environs
de Châtillon-sur-Seine.

C'est la partie des terrains jurassiques qui a pourvu le pays
d'usines à fer jusque dans le XIXᵉ siècle avec son oolithe, ses
marnes et argiles à limonite tantôt en place, tantôt remaniées à
des époques postérieures. Disons que dans le canton de Vézelay
il y a encore à prendre quelques richesses ferrifères.

De tous ces faits un enchaînement de continuité se manifeste
qui nous conduit de l'époque romaine au Moyen Age où des fonderies ne cessèrent de fonctionner ; des localités nous apprennent
que l'exploitation du minerai de fer n'a pas été pour ainsi dire
interrompue.

Des fondeurs se succédèrent de génération en génération dans
nos forêts, partout où le sol se montrait généreux ; qui fait que
trois étapes s'affirment nettement pour notre contrée : la première pré-gallo-romaine, la seconde gallo-romaine, la troisième
post-gallo-romaine.

Après la chute de l'empire romain, et pendant les premiers siècles mérovingiens et carolingiens, les procédés sur beaucoup de choses, surtout dans la fabrication du fer, furent tellement identiques qu'à l'heure présente il paraît presque impossible de distinguer les déchets de ces fonderies.

Quantité de climats, de localités, portèrent les noms de : les Mâchefers, la Butte, les Mines-Noires, la Petite-Butte, les Fours, les Fourneaux, le Minerai, les Minières, le Minéral, les Minies, le Minerat, les Ferrières, les Ferries, les Ferriers, Ferreuse, les Terres-Noires, les Terres-Brûlées, Ferrotes, les Brûleries, la Forge, le Champ-de-la-Forge, les Champs-Grillés, la Fonderie, la Ferrollière, la Ferlière, le Puits-de-Fer, les Patouillats.

Quelques-uns de ces territoires ont donné la preuve de leur dénomination par la présence de scories sur leur sol ; d'autres n'ont rien fourni encore. Cependant des restes de fonderies doivent exister dans les bois, dans les cultures qui n'ont pas été jusqu'alors découverts ou signalés.

Les forges à bras et les bas-fourneaux durent cesser vers l'an 1500, époque où l'on alluma les premiers hauts-fourneaux.

Il résulte que deux catégories se distinguent nettement dans la disposition d'avoir entassé les scories. D'une part ce sont les masses énormes régulières et irrégulières, de l'époque gallo-romaine, sur les plateaux ; d'autre part, les monticules coniques et les scories parsemées dans les vallées et au bord des cours d'eau soulignent des époques suivantes.

D'après Dèy, les ferriers de formes coniques, le plus souvent situés dans les plaines (vallées), représentent l'âge minimum de l'extraction du fer sans le secours des hauts-fourneaux, c'est-à-dire que pour ces dépôts successifs on hissait à force de bras les scories de manière à n'occuper en surface le moins d'espace possible et ménager les terrains environnants déjà en valeur (1).

Dans la comparaison de l'industrie de la fonte du fer sur les plateaux et l'industrie de la fonte du fer dans les vallées, le territoire de Saint-Fargeau est un admirable champ d'observations. Ainsi pour la première catégorie, des monticules et des buttes sont placés au territoire de Tannerre, près la ferme des Assises, de la manœuvrerie de Chante-Oiseau, de la ferme du Ferrier et celle des Salins, et sur l'emplacement de l'ancienne citadelle de Cham-

---

(1) Dèy. *Histoire de la ville et du comté de Saint-Fargeau*, Bull. Soc. Sc. de l'Yonne, t. 9, p. 362.

play (Motte-Champlay) du xi⁰ siècle, celle-ci construite au milieu même des ferriers qui lui servirent de fondations. A cette époque, l'exploitation du fer sur ce point avait complètement cessé. Ensuite nous retrouvons les mêmes ferriers au territoire de Mézilles, dans les environs du village et sur la limite du finage de Tannerre, au territoire de Villeneuve-les-Genêts, près de la ferme du Ferrier ; au territoire de Saint-Privé, près du domaine des Libaux ; au territoire de Saint-Martin-des-Champs, près du hameau des Goûts et de la ferme des Nollets ; au territoire de Lavau, près du domaine de Champlivaux, du hameau des Creusillats et de celui de la Déchausserie, de la ferme du Ferrier et de la manœuvrerie du Minerot ; enfin, au territoire de Saint-Fargeau, près de la ferme du Ferrier et aux environs de la ville.

Les ferriers de la seconde catégorie, réunis en amas peu considérables, le plus souvent épars au milieu des cultures, sont placés dans le voisinage de l'étang de Bourdon, sur le territoire de Saint-Fargeau ; près du moulin de la Forge, à Saint-Privé ; enfin près des forges de Tannerre, de Saint-Martin et du village de Villeneuve.

LISTE DES LOCALITÉS DE L'YONNE OÙ FURENT OBSERVÉES
DE LOURDES SCORIES DE FER

*Aillant, arrondissement de Joigny. — Buttes de scories dans les bois des Ferriers occupant 3 à 4 hectares de superficie (Leymerie et Raulin).

*Arces, canton de Cerisiers. — Autour d'Arces restes de six grandes buttes s'étendant jusque dans le bois de Milly dont plusieurs jadis de 8 à 10 mètres de hauteur ; deux autres buttes dans le bois d'Arces et dans le bois des Granges, puis à la Verrerie ; d'Arces à la Verrerie et à Dillo les cultures, les bois sont parsemés de scories. Buttes dans les bois de Sévy. A Pont-Evrat, butte moyenne ; une autre plus importante vers Ville-Froide, dans les bois du Chapître, avec d'autres petits amas ; puis vers les Loges ; d'autres traces vers la Joncheroye et Beauregard (Augusta Hure).

Bagneaux, canton de Villeneuve-l'Archevêque. — Sur le plateau scories, dites *Sarrazines* ; amas un peu plus loin au nord (1). (Leymerie et Raulin).

---

*Les localités, précédées d'un astérisque, sont celles possédant encore, à notre connaissance, des ferriers.
(1) Sans doute vers Courgenay.

Beaujard, canton de Villeneuve-sur-Yonne. — Scories sporadiques et emplacement circulaire sur le plateau (Augusta Hure).

*Bellechaume, canton de Brienon. — Beaucoup de scories formant des buttes dans les bois de Brienon et de la Courbépine (Leymerie et Raulin).

Béon, canton de Joigny. — Scories dans le bois de la Rivière (Leymerie et Raulin). Sur les plateaux produits plus légers, plus vitreux, donc plus récents, mais lourds encore (Augusta Hure).

Bléneau, canton de Joigny. — Scories éparses dans les champs du Coudray et des Salles (Leymerie et Raulin).

*Bœurs, canton de Cerisiers. — Butte vers Bœurs; amas de scories au hameau des Boudins.

Brannay, canton de Chéroy. — Deux buttes de scories utiliséespour l'entretien des chemins (1); une vers Coquin.

Brosses, canton de Vézelay. — Gisements de ferriers formant des nappes tout le long de la vallée de Brosses depuis l'étang de Marot jusqu'à Vau-Coupeau (2).

*Bussy-en-Othe, canton de Brienon. — Des scories forment une zone large autour des étangs Saint-Ange. Plusieurs buttes énormes dont quelques-unes ont disparu ; d'autres ébréchées. Dans celle exploitée, vers la route se dirigeant à Villechétive, au nord de l'étang, on voit sans aucune stratification régulière des lits de scories, des restes d'argiles et de sables fins éocènes, résidus de fourneaux parfois calcinés, rubéfiés, des morceaux de fer coulé, des grès. Les gens du pays emploient les produits fins dont ils se servent dans la construction et qui rappellent comme aspect les rapillis des anciens volcans. Dans la périphérie des étangs le sol n'est constitué que de résidus de fonderie. Des terres brûlées avec dépressions indiquent les endroits où l'on fondait et de grandes cuvettes dans le sol les points d'extraction du minerai (Augusta Hure).

Bussy-en-Othe, canton de Brienon. — Des ferriers dans les bois ont donné des monnaies romaines, notamment un Néron, moyen bronze (54 à 68). A Vers-Nous (improprement orthographié Verne-Houx dans la coll. de la Soc. Arch. de Sens, nᵒˢ 406 et 407), vers les étangs Saint-Ange, des ustensiles de cuisine en cuivre jaune (passoire à queue, plateau ovale don de M. Marcotte, 1859). V. aussi Quantin. Monnaie romaine assez bien conservée trouvée dans le grand ferrier de la rive droite, etc.

Bussy-le-Repos, canton de Villeneuve-sur-Yonne. — Scories *sarrazines* au village (Leymerie et Raulin).

Cerisiers, arrondissement de Joigny. — En sortant de Cerisiers, du

---

(1) Bardot. *Brannay*, Annuaire de l'Yonne, 1843, t. VII, p. 202.
(2) Abbé Parat. *La Métallurgie ancienne dans la vallée de Brosses*, Avallon, 1907, p. 3.

côté d'Arces, à gauche de la route, petit dépôt de scories ; un autre plus important au fond du vallon en descendant du pays (Leymerie et Raulin).

*Chailley, canton de Brienon. — Petit amas de scories au nord-ouest tenant à Chailley ; autres amas à l'ouest de Vaudevannes ; deux autres plus au sud-ouest de les Fourneaux.

Chailley, canton de Brienon. — Houe en fer en forme de trapèze trouvée dans les ferriers avec deux pièces romaines dans les bois de Chailley (coll. Soc. arch. Sens, n° 80).

Champlost, canton de Brienon. — Butte de scories (Leymerie et Raulin).

Chaumot, canton de Villeveuve-sur-Yonne. — Scories éparses dans les bois vers Chaumot, dans le bois des Forges et bois de Pilan près d'Egriselles-le-Bocage (Augusta Hure).

*Chassy, canton d'Aillant. — Buttes de scories sur le plateau, dans les bois de M. de Labriffe.

*Chamoux, canton de Vézelay. — Sur le sommet, gisements formant buttes parfois énormes. Dans les bois de la Madeleine et des Chaumots, surtout dans celui des Ferrières dont le nom est significatif « on peut voir de ces tertres élevés de mâchefer porter de gros chênes » (abbé Parat (1).

Châtel-Censoir, canton de Vézelay. — On trouve des ferriers en couches ou en tas dans les vallons de Châtel-Censoir.

*Champignelles, canton de Bléneau. — Grands amas de scories de fer (Quantin, Répertoire). Climats les Ferriers, les Minerais, les Champs-Grillés (Déy).

*Chéroy, arrondissement de Sens. — Au nord. de Chéroy, un peu après le bois des Servantières, un monticule se compose de cendres et de scories. Les cultures autour sont couvertes également de scories (Leymerie et Raulin). Un ferrier entre Chéroy et Vallery au climat nommé la Butte de la Justice, hauteur 10 à 12 mètres sur une surface de 10.000 mètres carrés ; une autre butte exploitée avant la guerre (2).

Clérimois, canton de Villeneuve-l'Archevêque. — Enormes scories entre l'Ormeau et la Goujauderie (Augusta Hure).

Collemiers, canton de Sens. — Scories sporadiques sur le plateau de la ferme du Clos-Pora (Augusta Hure).

*Crain, canton de Coulanges-sur-Yonne. — Amas considérable de scories dans la partie basse du village, lieudit le Laitier ; découverte en 1875 d'une antique forge.

*Coulanges-sur-Yonne. — Un ferrier dans les bois communaux.

*Couiours, canton de Villeneuve-l'Archevêque. – Butte de scories

---

(1) *La métallurgie ancienne dans la vallée de Brosses*, Avallon, 1907, p. 3.
(2) L'*Avenir de l'Yonne*, 1ᵉʳ février 1917.

au nord-ouest de Coulours. En différents climats la charrue passe
sur des scories dont l'épaisseur atteint parfois 2 à 3 mètres et recou-
vertes de légères couches végétales (abbé Bourgeois) (1).

*Courgenay, canton de Villeneuve–l'Archevêque. — Buttes dans le
bois du Fauconnais et près les Marchais. Dans la forêt de Lancy
quelques ferriers se découvrent entourés de trous d'extraction du
minerai. En venant de la Charmée et en entrant dans la forêt par la
grande route qui conduit à la Chaume, on remarque des amas de
scories sur le plateau de la tuilerie dit Marchais-la-Case ainsi que
dans la concession du garde domanial établi près du même endroit.
De nombreux trous sur le sommet forestier indiquent les recherches
du minerai. On en voit au-dessus de la Charmée ainsi que dans les
bois de Touchebœuf, où ils se présentent sous forme de buttes
accompagnées de trous. On trouve aussi des dépôts de mâchefer à la
Chênée (bois d'Ormeau et climat de la Champagne) (2).

*Dillo, canton de Joigny. — Buttes de scories dont une avait
220 mètres d'étendue sur 10 mètres de hauteur ; une autre de
500 mètres de largeur (Quantin, Leymerie et Raulin). Nous avons pu
repérer à Dillo deux monticules encore importants réduits presqu'à
moitié; un autre petit mamelon à gauche de la route de Villechétive.
Les bois, les cultures de Dillo à Arces sont jonchés de scories; au
sud, dans les bois de Courbépine, il y a également des ferriers (voir
Bellechaume) et des grandes fosses d'extraction du minerai (Augusta
Hure).

*Dixmont, canton de Villeneuve–sur-Yonne. — Au lieudit la Gar-
gouille, à gauche du ruisseau Saint-Ange, au sud du village vers les
dernières maisons, une butte de scories existait qui fut employée à
la construction de la route de Dixmont vers 1848. A ce point, grande
dépression elliptique de l'ancien fourneau à traiter le minerai, de
15 mètres de diamètre se rétrécissant vers le fond. Cette fosse est
installée sur le flanc bas, à peine déclive de la petite vallée et à peu
de distance du ruisseau; son ellipse orientée du nord au sud et son
plus grand diamètre de l'est à l'ouest. La sortie des scories devait
s'opérer, d'après ces dispositions, du sud au nord. A ce point la terre
apparaît brûlée, les cailloux rougis et craquelés ; des scories
pesantes jonchent les terres avoisinantes; des restes de briques, de
tuiles existent dans le fond et autour de la dépression.

Sur le plateau autour du bois de Chalonge des emplacements circulaires, occupés par des scories, se voient en plusieurs endroits à
l'est. Dans le bois du Chalonge, vers l'entrée du côté de Dixmont, ón
voit une petite butte de scories recouverte de végétation de 2 mètres

---

(1) *Quand et comment finit l'âge de la pierre*, Sens, 1903.
(2) J. Perrin. *La forêt de Lancy et ses souvenirs antiques*, Bull. Soc. Arch.
Sens, 1916, p. 72 et 92.

de hauteur au centre, sur 10 mètres de longueur et 5 mètres de largeur, — vraisemblablement gauloise d'après les produits (Augusta Hure). Vers le chemin du hameau des Brûleries, amas de scories. M. Amblard, propriétaire à Dixmont, y aurait démoli un véritable fourneau romain (H. Marlot) (1).

Dollot, canton de Chéroy. — Dépôts nombreux de scories (Quantin, Répertoire).

*Dracy, canton de Toucy. — Ferriers du Grand-Boula, de la Truie, épuisés, ainsi que ceux de Baume, de Briant ; un autre au nord de la Briquetterie (Leymerie et Raulin). Ferriers existant encore entre Dracy et Mézilles, les bois de Dracy sont criblés de cavités d'extraction de minerai (Augusta Hure).

Egriselles-le-Bocage, canton de Sens. — Au nord-ouest de la Fontaine Saint-Hubert à Montgerin, sur le flanc droit de la fin du vallon du ru de Marsangy, au bord de l'ancien chemin dit des Huguenots, emplacement excessivement restreint de quelques scories de fer pesantes, restes d'un très petit foyer. La tradition du pays veut qu'il y ait eu autrefois dans cette vallée une ville antique appelée Villalongue. Ce qui justifie jusqu'à un certain point cette croyance populaire c'est qu'il y a des débris de constructions sur différents endroits. En tirant sur Chaumot des scories se rencontrent dans les cultures ainsi que vers le bois des Forges et vers celui de Pilan (Augusta Hure).

Etais, canton de Coulanges-sur-Yonne. — Deux ferriers à la limite nord de son territoire (carte 1/80000 de Leymerie et Raulin).

Etivey, canton de Noyers. — Au nord-est de Sauvigné plusieurs minières (carte Leymerie et Raulin).

Fresnes, canton de Noyers. — Dans les bois au nord de Fresnes, Leymerie et Raulin désignent sur leur carte plusieurs anciennes minières.

Fontenoy, canton de Saint-Sauveur. — Au lieudit le Thureau amas de laitier de fer (Quantin, Répertoire).

Fontaines, canton de Saint-Fargeau. — Nombreux ferriers dans les champs au nord-ouest des Blandis et aussi dans la plaine de Briant, ces derniers exploités (Leymerie et Raulin) ; ferrier des Blards (Quantin).

Fournaudin, canton de Cerisiers. — Au nord-ouest près du village, une place est couverte de scories sur 1 mètre d'épaisseur (Leymerie et Raulin).

Gigny, canton de Cruzy-le-Châtel. — Des scories lourdes de fer se rencontrent sur ce territoire (abbé Jobin) (2).

---

(1) H. Marlot. *Ateliers et stations paléolithiques et néolithiques de Dixmont*, Congr. Préhist. Fr. Sess. Chambéry, 1908, pp. 285 à 291. Renseignements aussi par lettre.

(2) *Notes historiques sur Gigny*, Bull. Soc. Sc. de l'Yonne, 1901, p. 61.

Girolles, canton d'Avallon. — Scories dans le village et au sommet de la montagne (Leymerie et Raulin).

Grandchamp, canton de Charny. — Un ferrier assez grand aux Brossards et quelques autres plus petits (Leymerie et Raulin).

*Joigny. — Quatre buttes dans les bois communaux de Joigny, dont le grand ferrier de Farde exploité. Il ne semble plus rester que le ferrier du Haut-Pied, désigné sous le nom de la Butte ; les autres ont servi à ferrer les chemins, surtout celui de Joigny à Villeneuve-l'Archevêque (Augusta Hure).

*Lavau, canton de Saint-Fargeau. — Nombreux ferriers parfois volumineux comme des maisons, les principaux sont dans les bois aux Ferriers près des Evêques au nord de la Creuzatterie, à la Chatonnerie ou le Petit-Champ (Leymerie et Raulin). Ferriers du Jubin, des Chaumes-à-la-Lys, des Grands-Buissons, de la Creusiaterie (Quantin, *Répertoire*).

Les Bordes, canton de Villeneuve-sur-Yonne. — Emplacements circulaires de scories entre Bourbuisson et Grange-Pourrain et entre Grange-Pourrain et le Clos-Aubry (Augusta Hure).

*Les Ormes, canton d'Aillant. — Ferrier assez considérable composé de plus de 10 mètres de buttes au nord de la tuilerie (Leymerie et Raulin).

*Les Sièges, canton de Villeneuve-l'Archevêque. — Du côté de la Folie et de la ferme du Grand-Chaudron, on rencontre beaucoup de scories dites *sarrazines* parmi les silex (Leymerie et Raulin). Il existe entre les Sièges et Vaudeurs, à 230 mètres du premier village, une butte de scories considérable (Quantin). Les Sièges possédaient jadis le hameau les Ferrières.

*La Ferté-Loupière, canton de Charny. — Buttes de scories vers la Vieille-Ferté ; puis dans les bois de la Loupière.

Lichères, canton de Vézelay. — On trouve des ferriers en couches ou en tas dans le vallon de Lichères (abbé Parat, *loc. cit.*).

La Villotte, canton d'Aillant. — Grands ferriers à l'est des Patouillats, à la Haye et dans le bois de la Gaulerie (Leymerie et Raulin). Haut ferrier situé dans les bois de Merry (Quantin).

Mâlay-le-Grand, canton de Sens. — Emplacements circulaires de scories lourdes sur le plateau de la Mattre ; nombreuses excavations pour la recherche du minerai (Augusta Hure).

*Mâlay-le-Petit, canton de Sens. — Emplacement circulaire de scories au sud-est de la ferme du Bosquet (Augusta Hure).

Malicorne, canton de Charny. — Petit ferrier maintenant détruit tout près du lieudit la Forge (Leymerie et Raulin).

Marsangy, canton de Sens. — Au hameau les Roches, traces d'une fonderie pré-romaine dont le minerai de fer fut retiré du limon des plateaux (Augusta Hure).

Merry-la-Vallée, canton d'Aillant. — Plusieurs ferriers considérables dans le bois aux Noues et au Château-de-Vau (Leymerie et Raulin).

Massangis, canton de l'Isle-sur-Serein. — Au nord-ouest de Massangis, vers le Côtat, figure un ferrier sur la carte 1/80000 de Leymerie et Raulin.

Migennes, canton de Joigny. — Couche de scories dans les bois communaux de Migennes (1).

*Mézilles, canton de Saint-Fargeau. — Immenses ferriers au Pressoir, aux Matignons et à Mézilles, même dans la rue des Ferriers ; d'autres aux Charriers, aux Perrots, aux Annins, aux Ravières, aux Grands-Harots, et, en général, dans tous les bois (Leymerie et Raulin).

Montacher, canton de Chéroy. — Quelques scories autour du village.

Moutiers, canton de Saint-Sauveur. — Amas de ferriers sur le bord des ruisseaux (Quantin).

Nailly, canton de Sens. — Traces de scories au sud du village entre Nailly et la ferme du Glacier ; d'autres traces vers le Marchais-Coëmel et au-dessus de Parroy (Augusta Hure).

Nitry, canton de Noyers. — Au sud de Nitry nous voyons figurer un ferrier sur la carte au 1/80000 de Leymerie et Raulin, à l'est de la ferme de Vorme.

Paron, canton de Sens. — Scories pesantes sporadiques sur le plateau vers les Croissants (Augusta Hure).

Pont-sur-Yonne, arrondissement de Sens. — Sur le plateau entre Saint-Gilles, Saint-Sérotin, Vaugouray beaucoup de scories à la surface du sol; emplacements circulaires ou petites buttes au sud du bois de Châtillon, vers la ferme Saint-Gilles, auprès du signal de Gitry, à proximité de Vaugouray (Augusta Hure).

Précy-le-Sec, canton de l'Isle-sur-Serein. — Au Champ de la Forge, scories.

Piffonds, canton de Villeneuve-sur-Yonne. — Scories lourdes entre Piffonds et Bussy-le-Repos.

Rogny, canton de Bléneau. — Quelques petits amas de scories dans le jardin de l'ancien moulin de Basseville (Leymerie et Raulin) ou moulin Jarriat (G. Gauthier). Nombreuses scories trouvées dans le pré voisin de l'ancien bief du moulin du Mesnil entre la Denizière et le canal (G. Gauthier) (2).

Saint-Denis-sur-Ouanne, canton de Charny. — Ferrier un peu à l'est, près la limite de Grandchamp (Leymerie et Raulin).

Saint-Julien-du-Sault, canton de Joigny. — Scories anciennes au lieudit Mâchefer; un endroit appelé la Forge dans le vallon (Leymerie et Raulin).

---

(1) Comptes rendus Soc. Arch. de Sens, t. VII.

(2) G. Gauthier. *Rogny et Saint-Eusoge*, Bull. Soc. Sc. de l'Yonne, 1896, p. 360.

*Saint-Martin-des-Champs, canton de Saint-Fargeau. — Six ferriers exploités dont deux très grands aux Morillonts et des Nolets; deux autres dont un grand à Blandy et deux au sud du Fourneau et au Colombier (Leymerie, Raulin, Quantin).

Saint-Martin-du-Tertre, canton de Sens. — Scories isolées sur le plateau du Glacier; il existe le climat les Fourneaux (Augusta Hure).

Saint-Privé, canton de Bléneau. — Aux Libeaux ferriers exploités; scories éparses vers les Pigées (Leymerie et Raulin).

Saint-Sauveur, canton d'Auxerre. — Amas de laitier de fer appelé le *Ferrier caduc* long de plus de 250 mètres et haut de 10 mètres' (Quantin, *Répertoire*).

*Saint-Sérotin, canton de Pont-sur-Yonne. — Plusieurs ferriers; jadis six buttes importantes (on dit même neuf) (1); deux sont achevées ou presque achevées; deux autres à moitié réduites par la vicinalité; deux autres plus petites à exploiter dont l'une située à l'angle de la route de Parroy et du chemin conduisant à la Friperie; la seconde entre Saint-Sérotin et les Caves; les scories envahissent moins les terres que du côté d'Arces et de Dillo, seulement il existe beaucoup plus de petits emplacements circulaires, de petites buttes jusqu'au-dessus de Parroy. Saint-Sérotin pays très boisé, sol argileux la limonite se retrouve dans des ferriers. De nombreuses dépressions pour les recherches du minerai se voient aux alentours. Grande dépression pour une fonderie à la sortie du village à gauche de la route de Saint-Sérotin à Parroy ayant servi longtemps de fourneau; ses dimensions équivalent à 15 mètres environ de diamètre; son orientation est sud-nord. Etablie en plein plateau sur une pente légère du sol, l'écoulement des scories avait lieu sans doute, comme dans la grande fosse de Dixmont, du sud au nord. Terres rougies par l'oxyde de fer très loin dans la périphérie. Dans le trou, le sol est brûlé, les cailloux craquelés. Auprès de là en face, et un peu au sud, on entassait les scories. Dans le ferrier le plus proche, presque pas de rapillis, distinguant la grande butte des étangs de Saint-Ange; matériaux apportés là régulièrement formant des strates ainsi conçus: 1 mètre d'argile jaune crue et cuite avec quelques scories débris mobiliers et ossements d'animaux; au-dessus 0 m. 30 de cendre avec petits fragments de charbon de bois; venait ensuite 0 m. 50 à 0 m. 70 de même argile jaune naturelle avec scories; enfin 3 mètres de scories sur 50 mètres de largeur et autant de longueur avec objets mobiliers. Belles scories irisées; quelques-unes la surface vitrifiée ou celluleuse (nids d'abeilles), très pesantes encore; mode de procédé de fonderie un peu différent du pays d'Othe, semblant plus perfectionné; dans les buttes fragments de morceaux de fer coulé et grès intacts ferrugineux (Augusta Hure).

—————————

(1) Bardot. *Brannay*, Annuaire de l'Yonne, 1843, t. VII, p. 202.

Saint-Sérotin. — Lampe en bronze à 4 becs trouvée dans un ferrier (don de M. Julliot, n° 274, coll. Soc. arch. Sens).

*Saint-Valérien, canton de Chéroy. — Petite butte de scories à droite en sortant du village pour aller à Montacher.

Sens. — Restes d'une ancienne fonderie avec fosse, 14, rue Savinien Lapointe, auprès petites couches de limonite, de cendre et de charbon de bois ; avoir recueilli autour plus de 5 kilos de scories lourdes, signe évident d'une petite exploitation dans la vallée de l'Yonne.

Autour de Sainte-Colombe-lès-Sens, puis de la Motte-du-Ciar, à l'entrée de la plaine Champbertrand, également dans la vallée de l'Yonne, scories de fer sporadiques. — Dans la ville, des scories sont parfois ramenées dans les terres de fondation (Augusta Hure).

Sept-Fonds, canton de Saint-Fargeau. — Ferrier dans les friches à l'ouest du Grand-Etang (Leymerie et Raulin).

Sougères-sur-Sinotte, canton de Seignelay. — Des amas de scories de 5 mètres de hauteur au moulin de Sougères (Quantin).

*Sommecaise, canton d'Aillant. — Trois ferriers principaux, le plus considérable situé à l'est des Chailloux, possède 30 mètres de longueur sur 25 mètres de largeur ; deux autres sont à l'ouest de la Mouillère et au sud-ouest de la rue des Merles (Leymerie et Raulin).

*Sormery, canton de Flogny. — Scories ferrugineuses entre le Fays et le hameau de la Tuilerie dont la surface peut occuper 3 hectares (Leymerie et Raulin). Amas de ferriers près de la lisière de la forêt d'Othe ; au climat du Puits-du-Vieux-Four, nombreux amas de scories (Quantin). Butte vers les Boudins plus au nord.

*Tannerre, canton de Bléneau. — Ferriers considérables et nombreux, formant pas moins de trente hectares d'étendue, dont les matériaux irrégulièrement stratifiés sont absolument comme les produits actuels des hauts-fourneaux. Celui de la Garenne entre le village et les Salins forme des buttes de 10 à 12 mètres de hauteur ; d'autres aussi considérables au sud des Sigurs ; de plus petits au sud des Béatrix, au nord des Assises et au nord et au sud des Ferriers. Au sud bois de la Forge (Challe, Leymerie et Raulin). — Scories expédiées en Lorraine. Ferriers des Assises, de la Garenne, de Maureparé (Quantin).

Toucy, arrondissement d'Auxerre. — Ferriers nombreux dans la forêt de Dracy et dans la plaine de Briant où ils ont été exploités ; plusieurs autres à Arthé, Maurepas et au bas de Verrigny (Leymerie et Raulin). — Il existait autrefois dans la plaine de Bréant de nombreux ferriers (Quantin). A Toucy même, il s'en trouve un résidu, rue Arrault, dans les dépendances de l'hôtel de Montargis et de l'immeuble contigü autrefois connu sous le nom de Château-Gaillard (A. Lesire) (1).

---

(1) *Notes et Documents pour l'Histoire de Toucy*, Bull. Soc. Sc. de l'Yonne, 1907, p. 317.

Theil, canton de Villeneuve-l'Archevêque. — Scories peu importantes à Theil-sur-Vanne et aux environs ainsi que dans la vallée entre Theil et Noé (Augusta Hure).

Varennes, canton de Ligny-le-Châtel. — Scories anciennes dans les champs au nord de Varennes (Leymerie et Raulin).

Venisy, canton de Brienon. — Dans les bois buttes de scories en partie exploitées (Leymerie et Raulin).

Vernoy, canton de Chéroy. — Près du village, vers le bois Dieu, dans un petit vallon où coule en hiver un ruisselet, scories parsemées sur le sol (Augusta Hure).

Vaudeurs, canton de Cerisiers. — Scories près de Vaudeurs ; au sud-ouest de Beauregard petit ferrier ; scories disséminées sur d'autres points du territoire (Augusta Hure).

Vallery, canton de Chéroy. — Grand espace circulaire avec traces de scories et de terres brûlées vers la ferme des Cent-Arpents (Augusta Hure).

*Vézelay. — Butte, du bois des Ferrières à l'Etat, encore intacte.

Villevallier, canton de Joigny. — Sur la carte de Leymerie et Raulin, on voit figurer un ferrier sur le plateau à l'ouest de Villevallier.

Villefranche-Saint-Phal, canton de Charny. — Un monticule de scories au sud de la route de Joigny, près de la Butte, petit hameau à 3 kilomètres de Villefranche. Ce ferrier, jadis très vaste, est fort diminué et n'a plus qu'un volume restreint ; climat des Terres-Noires ; ru des Forges... (abbé Régnier) (1). — Ferriers au bord de la route entre les Douchy et la Butte (Leymerie et Raulin).

Villeneuve-les-Genêts, canton de Bléneau. — Ferriers importants au nord-est du village ; un à l'ouest des Pernays et à l'est du Ferrier (Leymerie et Raulin).

*Villiers-Saint-Benoît, canton d'Aillant. — Trois ferriers sur la route d'Aillant (Leymerie et Raulin) ; selon les dires, scories expédiées en Allemagne.

Villiers-Louis, canton de Villeneuve-l'Archevêque. — Scories vers le bois de Trémont (Augusta Hure).

Villechétive, canton de Cerisiers. — Amas de scories vers Villechétive (H. Marlot) (2).

Villeneuve-sur-Yonne, arrondissement de Joigny. — On trouve quelques scories ferrugineuses du côté de Valentine (Leymerie et Raulin); sur le plateau de Beaujard (Augusta Hure).

Villethierry, canton de Pont-sur-Yonne. — Tas de scories à la sortie du village de Bonval, à droite, au bord de la route allant à Diant (Seine-et-Marne) (Augusta Hure).

---

(1) *Notes historiques sur Villefranche-Saint-Phal*, Bull. Soc. Sc. de l'Yonne, 1912, p. 684.

(2) H. Marlot, *loc. cit.*

Volgré, canton d'Aillant. — Butte de scories près de la Rocheuse, à l'entrée du bois (Leymerie et Raulin).

Voutenay, canton de Vézelay. — Lieudit les Terres-Noires, remarquable par de nombreux foyers et dépôts de scories dont les objets trouvés indiqueraient un ensemble gaulois (abbé Poulaine (1).

## DÉCOUVERTES OBTENUES DANS LES FERRIERS ET DANS LEUR VOISINAGE; RENSEIGNEMENTS PROPRES A DÉTERMINER LEUR ÉPOQUE

Aillant, arrondissement de Joigny. — Tuiles à rebords, fragments de poterie recueillis dans les ferriers (Quantin, répertoire). Médaille du IIIe siècle trouvée à 0 m. 50 au-dessous des ferriers de la montagne du Puits-Avril (Quantin, *Annuaire de l'Yonne*, 1846).

Arces, canton de Cerisiers. — Dans la forêt de Rageuse, où se trouvent des ferriers, on a trouvé un anneau avec chaton en pierre. A Arces même, localité avec des ferriers et des scories parsemées, un vase en fonte, trois vases en terre (2). Arces était traversée par la voie romaine de Sens à Alise. En creusant un ancien puits dans le village, on a retiré un assez grand nombre de poteries romaines. Au lieudit le Bois-de-Millyon, en enlevant des terres il y a 15 ans, des cadavres furent découverts ; auprès étaient des médailles du Haut-Empire (Quantin, *Répertoire arch. de l'Yonne*).

Bœurs, canton de Cerisiers. — Aux Boudins, qui possède un amas de scories, on a recueilli dans le village des médailles romaines, des tuiles à rebords, un fût de colonne et des débris antiques (Quantin).

Bois-d'Arcy, canton de Vermenton. — Près de l'église de Bois-d'Arcy, au lieudit Le Minerat, on a trouvé près de l'exploitation des minerais de fer un fond d'amphore en cornet à 0 m. 80 de profondeur ; une monnaie grand bronze d'Antonin-le-Pieux (154 av. J.-C.). On pourrait rapporter à cette époque l'exploitation du minerai de fer dans le bois du Minerat dont le sol est criblé de trous, mais ce bois tenait également en grande partie de l'abbaye de Vézelay, qui eut une forge dans le vallon de Brosses jusqu'en 1564 (A. Parat) (3). Au Beugnon, commune d'Arcy-sur-Cure, on a découvert une fonderie gallo-romaine, l'ancien four, les creusets, des traces de métal fondu, un certain nombre de haches et fers de lance achetés par un Avallonnais (4).

Brannay, canton de Chéroy. — Dans les scories de Brannay, des vases, des ustensiles de forgeron furent rencontrés (Leymerie et Raulin).

Bussy-en-Othe, canton de Brienon. — Des ferriers dans les bois ont

---

(1) Bull. Soc. Sc. de l'Yonne, 1901, p. IV et V.

(2) Bull. Soc. Arch. de Sens, t. VII.

(3) *Histoire d'Arcy*, Bull. Soc. Sc. de l'Yonne, 1913, p. 387. — Id. *Etude rurale sur Bois-d'Arcy*, Bull. Soc. Sc. de l'Yonne, 1906, p. 36.

(4) Bonneville, Bull. Soc. Sc. de l'Yonne, t. XXX, p. XV.

donné des monnaies romaines, notamment un Néron, moyen bronze (54 à 68). Dans l'étang Saint-Ange, des ustensiles de cuisine en cuivre (Quentin). Monnaie romaine assez bien conservée trouvée dans le grand ferrier de la rive droite du ru Saint-Ange (entre les mains d'un garde forestier) (Peron). Morceaux de fer coulé ; gros clou (peut-être une barre de ce temps) avec petites scories et parcelles de charbon de bois adhérent autour : longueur, 0 m. 16 ; diamètre de la tête en cercle, 0 m. 04 ; poids, 275 grammes. Dans le bois, trois puits peu profonds montés en silex, vers l'étang à droite de la route allant à Villechétive, restent à fouiller (Augusta Hure). Voy. *supra*, p. 45 une liste d'objets, qui figure à cet endroit par erreur.

Chailley, canton de Brienon. — Voy. *supra*, p. 46.

Champignelles, canton de Bléneau. — Monnaies romaines trouvées dans l'intérieur des ferriers (Déy) (1).

Coulours, canton de Villeneuve-l'Archevêque. -- Dans une butte de scories, on a trouvé ici une hache en fer, là une de silex presque côte à côte, ainsi que des monnaies de Néron. Dans des terres contenant des scories se rencontrent abondamment des débris de poteries romaines ; une perle de bronze, incrustée dans une scorie, indique le IIᵉ siècle. Au milieu de la Vieille-Forêt se remarque un emplacement surélevé et rectangulaire d'un campement romain. D'autres fois des objets en silex se trouvent dans la couche végétale sur des mâchefers (abbé Bourgeois) (2).

Crain, canton de Coulanges-sur-Yonne. — En 1875, découverte d'une antique forge et de monnaies du Bas-Empire, puis un vase en bronze, une statue de Minerve, des débris de statues, des sépultures gallo-romaines (3).

Dillo, canton de Joigny. — Dans les monticules de scories, on a trouvé quelques médailles romaines, des fragments de poterie (Quantin) ; un cintre en briques rectangulaires plates et du *charbon de bois* dans la butte au nord-ouest du village (Leymerie, Peron) ; des fragments de fer coulé (Augusta Hure).

Dixmont, canton de Villeneuve-sur-Yonne. — Autour de la fosse du fourneau du lieudit la Gargouille, débris de tuiles, de briques (Augusta Hure). Le pays a fourni des bracelets de bronze (abbé Pissier) (4). Démolition par M. Amblard, propriétaire à Dixmont, d'un véritable fourneau construit en tuiles romaines (H. Marlot).

Fontaines, canton de Saint-Fargeau. — Débris de vases en poterie rouge à personnages, trouvés dans les ferriers des Blards, à 5 mètres de profondeur (Quantin).

---

(1) *Etudes historiques sur la ville de Champignelles*, Bull. Soc. Sc. de l'Yonne, 1848, p. 13.

(2) *Quand et comment finit l'âge de pierre*, Sens, 1903. — Id. *Vieille-Forêt*, Progrès social, 23 avril 1911.

(3) Bull. Soc. Sc. de l'Yonne, t. XV, p. 1 à 16, 1880, p. xx.

(4) *Etudes historiques sur Dixmont*, Bull. Soc. Sc. de l'Yonne, 1907, p. 12.

Joigny. — Dans des ferriers de l'arrondissement de Joigny, tenaille en fer, débris de poteries gallo-romaines (1). Dans le ferrier de Farde des bois communaux de Joigny, un fer de hallebarde (2). Vers les ferriers du Haut-le-Pied, existence de deux puits (Villiers) (2).

Lavau, canton de Saint-Fargeau. — Dans les ferriers, on a trouvé des médailles impériales romaines (Quantin).

La Villotte, canton d'Aillant. — Dans le haut ferrier des bois de Merry, on a trouvé une pièce de monnaie (Quantin) ; on a également recueilli un outillage romain (A. Parat, *loc. cit.*)

Mâlay-le-Grand, canton de Sens. — Un tesson de poterie gauloise brune à pâte grossière, grenue et quartzeuse, faite à la main, fut recueilli au milieu de scories sur le plateau de la Mattre, près de la ferme de la Houssaye (Augusta Hure).

Mâlay-le-Petit, canton de Sens. — Un anneau en bronze d'un diamètre extérieur de 0.05 recueilli non loin d'une fonderie gauloise sur le plateau de la ferme du Bosquet (Augusta Hure) ; anneau de bride sans doute.

Mézilles, canton de Saint-Fargeau. — Tuyère de fourneau à minerai, en poterie, trouvée dans un ferrier entre Toucy et Mézilles (Bulliot) (3). A Mézilles, trois masses de scories étaient percées de trois cônes convergeant vers une seule ouverture : le nez de la tuyère (4). En 1847, découverte dans le ferrier des Matignons d'une statuette de Vénus en terre cuite blanche, considérée jusqu'alors comme en calcaire par Robineau-Desvoidy, Lesire, Peron ; médaille de Constantin trouvée dans un autre ferrier (Quantin) ; dans d'autres dépôts des ustensiles de ménage, des médailles du Haut-Empire (A. Lesire) (5) ; un lot de monnaies romaines cachées dans une clochette de vache (A. Parat) (6).

Migennes, canton de Joigny. — Un cascrel : vase muni de trois anneaux, un plateau ovale en bronze dans les bois communaux de Migennes à une grande profondeur sous une couche de mâchefer inférieure au sol humide (7).

Précy-le-Sec, canton de L'Isle-sur-le-Serein. — Au champ de la Forge, scories accompagnées de briques réfractaires (A. Parat) (8).

Sens. — Autour d'une petite fosse à fondre le minerai de la rue Savinien-Lapointe, pièces gauloises et pièces romaines de la fin de l'empire, parmi lesquelles des Tétricus ; plus loin scories de fer dont quelques-unes avec des traces de carbonate vert de cuivre ;

---

(1) Bull. Soc. Arch. de Sens, t. VII et VIII.

(2) *Id.* T. VIII, p. 336. — Villiers, *Excursions minéralogiques*, Bull. Soc. Sc. de l'Yonne, 1858, p. 262.

(3) Mémoires de la Soc. Eduenne, 1896, p. 429.

(4) Bull. Soc. Arch. Sens, t. XII, p. 354.

(5, 6) *Loc. cit.*

(7) Bull. Soc. Arch. Sens, t. VII.

(8) A. Parat, *le Fer dans l'Yonne* ; journal *la Revue de l'Yonne*, 1912.

scories de verre romain, coupellures de bronze, etc. Vers la Motte-du-Ciar, au sud de Sens, petites scories de fer avec carbonate vert de cuivre. A l'entrée de la plaine Champbertrand et à l'ouest du couvent de Sainte-Colombe-lès-Sens, tous deux dans la vallée de l'Yonne, des scories lourdes sporadiques se découvrent avec des débris gaulois et gallo-romains (Augusta Hure).

Saint-Sérotin, canton de Pont-sur-Yonne. — Dans un ferrier, deux médailles romaines, l'une d'Auguste ; l'autre, très fruste, porte au revers un oiseau d'où s'élèvent des épis et des pavots (1). Dans le ferrier à droite de la sortie du village, en se dirigeant vers Parroy, nous avons recueilli des restes de poteries grises avec rebord ; tessons de céramique blanche, ocre, rousse, cette dernière avec coulée de vernis de couleur bronze assez terne provenant de vases communs et vraisemblablement de fabrique locale ou régionale ; quelques-uns étaient ornementés de cordons circulaires en creux ; petit mamelon de poterie grise perforé pour recevoir le lien devant suspendre le vase (anse funiculaire) ; fragment d'une poterie fine à décors imbriqués et reflet métallique gris, genre très particulier au $II^e$ siècle ; poterie blanche ornementée de stries en creux ; le tout d'époque romaine ; en plus : ossements d'animaux dans la couche d'argile crue et cuite avec parcelles de *charbon de bois* ; morceaux de fer coulé ; fragments de grès très fins, peu serrés et altérés. Autour de la grande fosse située auprès et constituant l'ancien fourneau, débris de tuiles à rebords ; tuile plate avec trou losangique d'attache non percé entièrement ; fragments de poterie annonçant des restes de tuyères (Augusta Hure). « A Saint-Sérotin, ruines d'un four reconnaissable, du fer et, suivant M. Sagot, un pied de roi en argent avec ces mots : Boulets de canon » (Leymerie et Raulin). Voy. *supra*, p. 52.

Saint-Sauveur, canton d'Auxerre. — On a trouvé des petits fourneaux en grès, en forme de cylindre creux, hauts de 0 m. 30, larges de 0 m. 12, et percés d'un trou à la partie supérieure (Quantin).

Sormery, canton de Flogny. — Dans les scories situées entre Le Fays et le hameau de la Tuilerie, on a découvert un pied de lampe à quatre branches en fer forgé, orné de quatre têtes d'hydres et des briques romaines (Quantin, Leymerie et Raulin ; A. Peron).

Tannerre, canton de Bléneau. — Découverte dans des ferriers de monnaies romaines (2).

Toucy, arrondissement d'Auxerre. — Dans les ferriers de Bréant, un Hadrien, une Faustine en bronze (Quantin). On a trouvé, en 1829, dans un de ces ferriers, une plaque de fer et un marteau (Leblanc-Davau). Parmi les scories, des poteries romaines, des médailles du Bas-Empire (A. Lesire).

______________

(1) Bull. Soc. Arch. Sens, t. X.
(2) Bull. Soc. Sc. de l'Yonne, 1903. — Id. T. XXVII, p. xxxiii.

Venizy, canton de Brienon. — Ferriers dans les bois. Découverte dans le village d'un pot contenant environ 1.000 monnaies romaines, de Gallien, Claude, Aurélien, Posthume, Tétricus, Victorinus... (1).

Villechétive, canton de Cerisiers. — H. Marlot, qui a étudié la région d'Othe, a vu dans la collection du docteur Leriche, de Joigny, maintenant décédé, des restes de vases à glacure rouge, genre Samien, avec figures en reliefs, fort remarquables, provenant des amas de scories de Villechétive, de Dillo, des environs de Cerisiers, ainsi que des médailles romaines (2).

Villiers-Louis, canton de Villeneuve-l'Archevêque. — Des objets en fonte, notamment une croix et des chandeliers, furent recueillis dans des scories du bois de Trémont.

Voutenay, canton de Vézelay. — Les Terres-Noires ont livré des poteries et outils de forgerons romains (A. Parat). Ce lieu est remarquable par de nombreux foyers et dépôts de scories gaulois et romains, ainsi que par des objets en silex (abbé Poulaine) (3).

Véron, canton de Sens. — Dans le climat des Grands-Fossés, découvertes de foyers de forges, des tuiles à rebords, des fours de 2 m. 60 de longueur sur 1 m. 20 de largeur, à 1 mètre sous terre, construits tout entiers de matières propres à se durcir au feu ; des squelettes humains diversement rangés, des médailles (4).

## SUR LA STATUETTE TROUVÉE DANS UN DES FERRIERS DE MÉZILLES (YONNE)

Dans sa note sur *la Statuette trouvée dans un des ferriers de Mézilles (Yonne)*, Robineau-Desvoidy s'étend sur le culte de la Vénus en Grèce et à Rome. Là, sur ce terrain, nous ne le suivront pas, ces données sortant du cadre de nos études. A côté des bonnes observations de l'auteur, nous notons une erreur que partout nous retrouvons reproduite quand il s'agit de cet objet : *celle d'une statuette en calcaire trouvée dans un ferrier de Mézilles* et donnant à supposer à une sculpture. Le terme de *tuf calcaire*, choisi par Robineau-Desvoidy pour désigner la matière dont fut constituée cette figurine, était bien fait pour entraîner à la faute que nous signalons.

Pour notre part, ici, nous voyons une terre cuite blanche et, nous basant sur le creux des deux parties du personnage, l'épreuve

<hr>

(1) Bull. Soc. Sc. de l'Yonne, 1903. — Id. T. XXVII, p. xxxiii.
(2) Renseignements que nous avons obtenus par lettre.
(3) Compte rendu Bull. Soc. Sc. de l'Yonne, 1901, pp. iv et v.
(4) Abbé Chenot, *Histoire de Véron*, Sens, Duchemin, 1880, p. 85.

d'un moulage de ces produits des ateliers céramiques de l'Allier ou du centre de la France. La figurine de Mézilles est un modèle très connu (fig. 8) et qui se retrouve dans bien des musées, particulièrement celui de Moulins (Allier) ; elle fait partie de cet art naïf gaulois, mais expressif et imaginatif, de ces spécimens de dieux et de déesses qui se répandirent dans la Gaule romaine. A côté de ces mythes tutélaires, d'autres séries en terre cuite, provenant des mêmes officines et représentant des personnages et des animaux, s'alignent comiques et grotesques.

D'après les dimensions qu'en donne. Robineau-Desvoidy, la statuette de Mézilles offre environ 0 m. 165, hauteur que comporte ordinairement ces petites divinités ; la tête manque ; néanmoins, l'objet, quoique incomplet, nous permet d'appliquer aux ferriers de l'endroit l'époque gallo-romaine. La découverte dans ces mêmes buttes de monnaies de l'empereur Adrien (117-138) est également un apport sérieux pour témoigner de l'activité de ces fonderies vers le IIe siècle de notre ère.

S'il est singulier de trouver la Vénus anadyomène dans la cabane d'un simple fondeur, il nous faut dire que des copies de cette déesse de la beauté vinrent s'asseoir aux foyers des plus humbles, à l'instar de notre imagerie populaire actuelle.

DOCUMENTS ÉCRITS ÉTABLISSANT L'EXISTENCE DE FORGES
DEPUIS LE XIIe JUSQU'AU XVIIIe SIÈCLE

D'après le testament de saint Virgile, évêque d'Auxerre, il y avait au VIe siècle, dans la Puisaye, un lieu appelé la colonie de Ferrières « ferraria colonica », dont le nom semble dû à une fonderie de fer (1).

*Douzième siècle*

1143. Séguin de Saint-Florentin et son père Garmond ont donné aux moines de Pontigny tout ce qu'ils possédaient à Chailley et dans la forêt d'Othe, entre autres choses le fer et les abeilles (Cart.).

1143-1168. Foulques et Arthur, son gendre, donnent tous droits d'usage dans la terre et les bois de Lailly. L'abbaye de Vauluisant pourra y prendre des matériaux pour bâtir, du charbon, du fer, de l'herbe et du gland. Les seigneurs du fief et de nombreux témoins figurent à cette donation (Cart., t. II, p. 59).

---

(1) Max. Quantin, *Cartul.*, I, p. XI, 20. — Duru, *Bibl. hist. de l'Yonne*, p. 417, 472.

1150. Bovon de Vareilles, en faisant une donation aux moines de Vauluisant, vers 1150, se réserve le produit du fer et du charbon
dans ses bois de Cérilly, sauf toutefois ce qui sera nécesaire
aux moines. Les bois étaient peu exploités au moyen âge et
l'on en faisait de la cendre qui, transportée à Paris, servait à
faire de la potasse. Quelquefois les seigneurs, en donnant
leurs bois, mettaient pour condition de ne pas les employer
à cet usage (Cart., p. 368). Josbert de Rigny fit une donation
semblable par une charte sans date (*Ibid*).
1158. L'archevêque de Sens rapporte que Jacques des Sièges, chevalier, a reconnu que les moines de Vauluisant ont le droit de
prendre du bois dans la forêt des Sièges pour chauffer les
fourneaux à fondre le fer... (Cart., t. II, p. 394).
1198. Ansaut ratifie l'accord passé entre Geoffroy de Foissy, chevalier,
et l'abbaye de Vauluisant, au sujet de certains revenus à
Lailly et du produit des mines de fer de la forêt de Luisant.
Geoffroy permit aux moines d'exploiter la mine pour l'entretien d'un fourneau. Il leur donna aussi droit d'usage dans les
bois de Luisant et de Foissy (Cart., t. II, p. 498).

### Treizième siècle

En raison du droit perçu par l'évêque à la porte des Oursiers
ou de Saint-Nicolas sur les fers entrés à Troyes, on doit
croire que les fers des environs de Wassy approvisionnaient
la ville, concurremment avec ceux qui se préparaient dans la
forêt d'Othe sur les domaines de l'évêque et sur ceux de
Vauluisant. Ce droit levé par l'évêque avait sans doute pour
cause, non pas seulement le produit du péage, mais surtout
celui de permettre l'entrée en franchise des fers fabriqués à
Aix-en-Othe et qui entraient par la porte de Beffroy
(T. Boutiot).

### Quatorzième siècle

1333. En 1333 une transaction du seigneur de Sormery réserve à
l'abbé de Pontigny la *myne* et le *mineray* des bois de Francœur, près de Sormery ; ce dernier les faisait bien certainement exploiter (Arch.).
1350. En 1328, on exploitait le fer de la forêt d'Othe. Le domaine du
Roi en faisait son profit et il est, à cette date, compris pour
5 livres de revenu par an. Ce produit diminue chaque année ;
précédemment le profit était plus considérable, mais alors ce
minerai est exploité dans les bois autres que ceux du Roi.
En 1350, le produit du minerai existe encore, mais il est si
peu important que dans l'estimation des revenus de la châtellenie de Villemaur, à cette date, il ne lui est donné aucune
valeur (Boutiot).

Dans la contrée d'Othe, les exploitations du minerai de fer continuaient au XIV<sup>e</sup> siècle, tout en diminuant d'importance. Les derniers fourneaux se seraient éteints dans la première moitié du XVI<sup>e</sup> siècle. Qu'il y ait eu interruption ou non dans le travail métallurgique de la forêt d'Othe depuis les temps celtiques jusqu'au moyen âge, il n'en est pas moins vrai qu'il faut arriver au XIV<sup>e</sup> siècle pour renouer les faits relativement nouveaux aux anciens. A cette époque le minerai est mis à profit dans le domaine royal, dans celui des évêques de Troyes dont le centre est le château d'Aix–en–Othe, et les propriétaires des forêts de la contrée ne négligent pas non plus cette sorte de produit (T. Boutiot).

La première mention que nous rappellerons pour fixer le souvenir de l'extraction et de la vente du minerai dans la forêt d'Othe est extraite de la prisée du domaine royal de la châtellenie de Villemaur. Cette prisée, datée de 1328, contient la mention suivante : « *Item le mineroy des bois des usaiges prisez par ceulx qui ont prisez les bois de domaine dessus escriptz : C sols tournois de rente par an à vallue de terre, et ont dict par leurs seremens que, combien que en l'ait accoustumé à vendre plus, ne pevent-ils plus valloir pour ce qu'il va en défaillant et en a tant pris d'illec en aultres bois que ceulx du Roy, qu'ils se doubtent qu'il ne soit délaissié prochainement* ».

En 1350, ces craintes se sont réalisées. Bien qu'existant encore, de nouveaux estimateurs ne croient pas devoir le mettre dans une nouvelle prisée faite du même domaine de Villemaur (Th. Boutiot).

On doit croire que de 1380 à 1400, deux maîtres de forges exploitaient ce minerai sur une certaine échelle, tandis que de 1401 à 1440, ce travail paraît abandonné à des ouvriers travaillant isolément pour leur compte personnel.

**1370–1381.** Yolande de Flandre, devenue baronne de Toucy, donne permission à Gilles de Cloies, bailli de Puisaie, de faire autant de feux qu'il lui plaira dans la forge qu'il possède à Saint-Fargeau (Arch.).

**1383.** L'abbaye de Saint-Marien d'Auxerre amodie à Henri Hette et à Henri Moque, ouvriers de la grosse forge, un quartier de terre sis dans les bois de l'Etang, près d'Auxerre, pris dans un arpent amodié précédemment à un autre ouvrier de forge appelé Maisière, pendant un an, avec le droit d'extraire de la mine à faire fer pour l'œuvre d'une forge seulement pour 15 francs d'or et 15 poids de fer chacun de trois pièces de fer (extraction à La Borde, près d'Auxerre) (Arch. H. 1253).

**1395.** Un dénombrement de la terre de Pouy (Aube), près de Courgenay, dit qu'on prend de la mine dans les bois pour *faire fer* (Arch.).

*Quinzième siècle*

L'art de la métallurgie était pratiqué au xv<sup>e</sup> siècle aux environs de Troyes. On le trouve en exercice à Vandeuvre et dans la contrée d'Othe. Le procédé dit catalan dut cesser d'être mis en usage dans cette contrée vers le milieu ou dans la dernière moitié du xv<sup>e</sup> siècle. Les comptes du domaine d'Aix-en-Othe ne mentionnent plus les revenus du *mineroy*. Les éléments primitifs ne font pas défaut, ce sont les méthodes nouvelles qui tuent les anciennes, ce sont les forges à l'eau qui tuent les forges à pied (T. Boutiot).

D'anciens dépôts de scories existent sur les territoires d'Aix-en-Othe, Saint-Mards, Villemoiron, Paysy-Cosdon, Nogent-en-Othe, Maraye, Estissac, Chennegy, Bercenay, Vauchassis, Vosnon, Chamoy, Saint-Chal, Montgneux, Prugny, Dierrey, Pouy, Marcilly-le-Hayer, etc. Si ces dépôts de l'Aube contiennent les résidus d'exploitations du moyen âge, ils remontent aussi aux temps les plus reculés (T. Boutiot).

Au xv<sup>e</sup> siècle il y avait à Villiers-sur-Tholon, à Escamps, sur le roc d'Avigneau dans l'Yonne, des forges qui furent détruites dans les guerres (Leymerie et Raulin).

1400. Reçu du fermier de la grosse forge à fer sise à Saint-Aubin-Château-Neuf amodiée chaque année 53 poids de fer (Arch. G. 959).

1407. Reçu du produit de la forge de Saint-Aubin-Château-Neuf 40 sous (Arch. G. 965).

1411. Reçu de la forge de Lampy à Saint-Aubin pour moitié 40 sous; d'une autre forge audit lieu, 40 sous (Arch. G. 968).

1419-1502. « Advertissement » donné à Lambert Pierron, pour l'exploitation de la mine de Saint-André-en-Terre-Plaine près d'Avallon (Arch. B. 1499) tiré des Archives de la Côte-d'Or.

1443. Minières amodiées dans la châtellenie de Villefolle et de Rousson (Arch.).

1446. Inventaire des biens de Perrette, veuve de Pierre Mylon, consistant en diverses seigneureries et les forges de Donzy, paroisse de Saint-Martin-sur-Ouanne (Arch. H. 491).

1456. Jean Rémy, maître et gouverneur des forges et moulins de Fossemore, commune de Theil, amodie de l'abbaye de Dilo, une place à faire fondoire près du monastère de Dilo, il devait prendre la mine dans sous les bois et les terres de Dilo (Arch., t. III, p. 139).

1459. Reçu des forges de Lempy, néant (Arch. G. 980).

1475. Les Hospitaliers (commanderie de Launay, ordre de Malte) avaient à Theil des forges de fer qu'ils donnaient à bail emphytéotique avec les moulins et dépendance sur la Vanne pour 30 livres tournois et 200 livres de fer par an (Arch.).

1480. Privilège reconnu à l'abbaye de Dilo à un droit de pacage pour leurs porcs et autres bestiaux sur le *Bois des Minerais* ou *Mineroy* du territoire de Dixmont, dans lequel les habitants de ce pays avaient le même droit (Arch. H. 622).

1480. Les forges d'Entrains (Nièvre) furent mises sus, c'est-à-dire élevées. A la même époque, dans les bois de Varzy, il y avait un canton qu'on appelait le bois du Laitier, à une demi-lieue de Corbelin (limites de l'Yonne et de la Nièvre), dans lequel on allait tirer de la myne ou *laitier* pour faire myne à faire fer qu'on menait à la forge de Croisy (Nièvre). On en prenait encore dans d'autres parties de ces mêmes bois et on payait 4 livres par an de droit de ferrage (Quantin).

1483. Il y avait des forges à faire acier sur le ru du Tholon, proche la Motte de Senan (Tartois, *Recherches relatives à la fabrication du fer*, 1854, p. 12).

1483. L'archevêque de Sens autorise noble Jehan de Pesme, écuyer, maître des forges de Fossemore, *à prendre la myne pour fere fer dans les minières de cette terre* (Villefosse et Rousson près de Villeneuve-sur-Yonne) *mais seulement de ce qu'il en pourra mettre en œuvre, sans en pouvoir vendre à aucune personne.* La forge, qui avait appartenu aux Templiers, était passée aux chevaliers de Saint-Jean de Jérusalem, et fournissait de la fonte à la forge de Theil.

1487. Le même de Pesme, maître de la forge de *Préaux* (Chaumot), amodie encore des *mynerais* de Villefosse pour cette nouvelle forge seulement (Quantin, Leymerie et Raulin).

1488. En janvier 1488, Charles VIII confirme les privilèges des maîtres de mines et forges du royaume. Dans ces lettres, le roi rappelle celles de Louis XI données en décembre 1461 et le 27 septembre 1467. Celles-ci étaient adressées à certains baillis et notamment à celui de Sens ; celui de Troyes n'y est pas nommé. Celles de Charles VIII sont adressées aux baillis de Sens, Vitry, Chaumont et Troyes. Dans l'étendue de ces baillages existent des forges. Si le bailli de Sens est seul nommé dans les actes de Louis XI, c'est qu'alors l'exploitation du minerai de fer n'avait d'importance, aux environs de Troyes, que dans la partie de la forêt d'Othe, comprise dans le baillage de Sens. Les lettres de 1467 n'énoncent pas les conditions imposées aux concessionnaires des mines (T. Boutiot).

1489. Un dénombrement de la seigneurie de Senan dit qu'il y avait alors à Senan des *forges à faire fer* et des *forges à faire acier.*

1490. Juin. Rémission de condamnation à Robert Gourlin, de Malfontaine. Mandé par le « maistre des forges de Querise pour besogner de son métier » (vers Pierre-Perthuis) (coll. de Chastellux, 639).

1491. Bail perpétuel par Martinet Duchesne, maître des forges de

*Soyères* (Sougères-sur-Sinotte), à Jean le Bourguignon, charbonnier audit lieu, de 2 arpents de bois et buissons dans la
forêt de Nézon (E. 372) (1).

1491. Bail à 3 vies par Martinet Duchesne et Simon Tisier, maîtres
des forges de Sougères (sur-Sinotte), à Jacques Dampnequin,
*marteleur* audit lieu, d'une pièce de terre en bois et buissons,
située en la justice de Villeneuve-Saint-Salve (E. 372) (1).

1492. Reçu de Guérin Jolibois, pour les forges de Lompy et de Champigny-sur-Saint-Aubin-Château-Neuf, baillées à perpétuité,
5 sous.

1493. De Sallazard, archevêque de Sens, fit établir des forges à Saint
Julien-du-Sault, sur le grand ru. Elles se composaient, en
1515, de bâtiments, maisons, prés et dépendances, avec ustensiles, trois harnais de chevaux, avec le bois, charbon, mynes,
etc., à prendre ès-terres de Saint-Julien et d'ailleurs, et de
plus le bail pour prendre de la mine dans la seigneurie de
Précy. En 1517, elles rapportaient treize milliers de fer par
an à l'archevêque. Cette forge avait acquis un certain développement. C'est de cette exploitation que le hameau a reçu
son nom : Machefer (Quantin, *Dict. topogr.*).

1495. Dans le compte du Chapitre de Sens, on voit qu'à cette date il
existait toujours des forges dans la commune de Champigny
près Saint-Aubin-Château-Neuf.


### Seizième siècle

1509. Minutes de baux de moulins à eau et à vent, d'usines à fer et
de fours banaux (Arch. E. 510).

1511. Bail perpétuel de 30 arpents de terre à Montigny, à Jacquot
Malet, pour 6 deniers par arpent ; témoin Hubert Gallier,
maître de la forge de Crain (Arch. H. 1146 et E. 510 dans les
Anc. minutes de notaires).

1513. Colas Mercier, maître de la forge de Précy, près Joigny
(E. 376) (1).

1514. Il y avait des forges à Villiers-Saint-Benoît.

1514. 17 juin ; vente par Léon Duchesne, marteleur à *Soyères* (Sougères), de 3 arpents de terre ; témoin à cet acte Martinet
Duchesne l'un des maîtres de la forge de Sougères. Vente le
lendemain de la moitié d'une maison et où paraissent Martinet Duchesne et Simon Tissier, maîtres de la forge de *Soyères*
(Sougères-sur-Sinotte) (E. 411) (1).

1515. Voir 1493 pour Saint-Julien-du-Sault.

---

(1) Drot : Documents tirés des anciennes minutes de notaires déposées aux
Archives départementales de l'Yonne.

1515. Jean Balthazard qui dirigeait les forges de Saint-Julien-du-Sault
les cède à noble homme Pierre Balthazard, son fils, moyen-
nant 80 livres par an ; elles étaient assises sur le grand ru de
Saint-Julien (Arch.).

1516. Nous trouvons la Forge-de-Bréau à Le Bréau, commune de La
Villotte (Minutes d'Armant, notaire à Auxerre).

1517. Voir 1493 pour Saint-Julien-du-Sault.

1517. Coulours était un centre important d'extraction du fer, et, en
1517, nous voyons le mariage de Nicolas le Beau, de Coulours
(probablement métallurgiste) avec Anne de Cloan, demeurant
à Soyères (Sougères-sur-Sinotte), parente de Martinet Duchesne, l'un des maîtres de la forge de Sougères. On suppose
qu'Etienne de Cloan était sans doute l'associé ou le succes-
seur de l'industriel de Sougères (E. 412) (1).

1521. Déclaration par G. Moisy, laboureur à Dilo, portant que Pierre
Balthazar « *soy disant maître de forge à fondre fer assise à
Dilo a abandonné le fourneau tout en ruyne et desmoly et s'en
est allé* » (Arch.).

1524. Pierre Lévesque, maître de la forge de Villiers-Vineux
(E. 380) (2).

1525. La masure de *Jehan Tucy, aultrement appelée les Forges*, séant
au « Scellier » de Rogny, mentionnée dans les titres de Saint-
Eusoge, canton de Bléneau. Les anciens titres de Saint-Eusoge
(canton de Bléneau) nous révèlent également l'existence, au
XVᵉ siècle, d'une forge voisine de l'église de Saint-Eusoge. Ce
titre dit, en effet, que l'église « tenait au jardin et forge
dépendant de la masure Deloince » (2). Déy rappelle qu'un
fourneau à fer existait en 1529 sur le ruisseau de Baulne (3),
aujourd'hui le Bione. Un champ, situé au sud de la chapelle
de Saint-Eusoge, et proche de la Rigole, est cadastré *le
ferrier*.

1531. Le Chapître de Sens accorde les forges de Lompy, près Saint-
Aubin-Châteauneuf.

1531-1536. Vente, par le Chapître d'Auxerre à Etienne Chausson,
marchand à Gien, et Etienne Maulduit, maître du fourneau
de Champeaux, vers Dracy, de la coupe d'une partie des bois
de Merry-Vaux (Arch. E. 421).

1542. Jean Constant, maître de forges à Saint-Germain-des-Champs,
donne à bail sa ferme d'Alibeau, composée de forge, four-

---

(1-2) Anc. Minutes de notaires déposées aux Arch. départ. de l'Yonne (voir
E. Drot, *Recueil*, Bull. Soc. Sc. de l'Yonne, 1900, p. 390).

(3) G. Gauthier, *Rogny et Saint-Eusoge*, Bull. Soc. Sc. de l'Yonne, 1896,
p. 360. — Déy, *Etudes historiques sur Bléneau*, Bull. Soc. Sc. de l'Yonne, t. I,
p. 180.

neau, chaufferie, marteau, roues, rouages, empallements, biez, maisons, maréchauderie, halle, cours, etc. (Arch.).

1547. Reçu de Guérin Jolibois pour les forges de Lompy, à Saint-Aubin-Château-Neuf, 5 sous (Arch. G. 1008).

1547. 4 juillet. Comparution au greffe du Parlement de Jean Frémy « maistre de la grosse forge de Tannerre », appelant, comme juge incompétent, d'une sentence du bailli de Sens portant « inhibitions et deffenses audict Frémy de ne couper ni abattre les boys », sur lesquels les habitants de Villeneuve-les-Genêts prétendent des droits (Arch. nation., X2a 103) (1).

1547. 26 juillet. Comparution au greffe du Parlement de Etienne Marchand « maistre de la forge à fer de la Mothe-lez-Sainct-Privé », appelant d'une sentence du bailli de Sens rendue contre lui au profit des habitants de Villeneuve-les-Genêts (Arch. nation., X2a 103) (2).

1549. Au territoire de Saint-Fargeau, sous l'étang du Bourdon, un moulin à piler le laitier existait il y a peu de temps encore ; « à la place se trouvait une forge avec fourneaux, chaufferie, affineries qui tombaient alors en vétusté, en sorte que l'existence des hauts-fourneaux remonte au moins au xve siècle » (3).

1563. Le 9 février intervint une sentence du Châtelet pour le paiement d'une somme de 2.000 livres due par les maîtres de forges de Puisaie (A. Lesire, *Hist. de Toucy*).

1564. Il est fait mention à Marot d'une forge appartenant sans doute à l'abbaye de Vézelay (A. Parat, *La Métallurgie de la vallée de Brosses*).

1565. Vente d'une quantité considérable de merrains et d'échalas à un marchand d'Auxerre par les maîtres de la forge de Tannerre (Arch. Minutes de notaires, E. 390).

### *Dix-septième siècle*

1631. Sougères-sur-Sinotte, fonderie (Minutes Chevillotte, E. N. N.).

1673. Nicolas Colbert rend une ordonnance contre la Société des forgerons et charbonniers qui les montre encore comme faisant partie *d'une bande de réprouvés de très vieille origine*, d'accord en cela avec la tradition (Tartois).

1685. Etablissement sur le territoire de Nuits (sur-Armançon) d'une

---

(1) Ch. Porée, *Inventaire de la collection de Chastellux*, Bull. Soc. Sc. de l'Yonne, 1904, pp. 124, 125.

(2) Déy, *Hist. de la ville et du comté de Saint-Fargeau*, Bull. Soc. Sc. de l'Yonne, t. IX, p. 362.

(3) Abbé Régnier, *Hist. de l'abbaye des Echarlis*, Bull. Soc. Sc. de l'Yonne, 1913, p. 298.

fonderie de fer par François Clérembaut avec permission de
Jérôme de Chenu, seigneur de Nuits (E. Petit, *Châtell. de
Châtel-Gérard*).

1687. L'examen des titres de l'étude de Villefranche-Saint-Phal montre qu'en 1687, lors du démembrement des terres et domaines
des Echarlis, l'abbaye possède une rente annuelle de 11 livres
sur le moulin de la forge à Douchy et que c'est le seigneur de
la Brûlerie qui en jouit (2).

### Dix-huitième siècle

1781. Theil-sur-Vanne possédait à cette date le hameau les Petits-
Fourneaux semblant indiquer des fonderies autres que
celles de la Forge (Fossemore) (Etat-civil, 1781).
Champlost possède un ancien titre dans lequel il est dit que
l'on a renoncé à une forge par défaut de minerai (Leymerie
et Raulin, *Statist. Yonne*).

### DOCUMENTS DE LA RÉVOLUTION (1)

### Dix-huitième siècle

An II-VII. On fabrique du fer très près d'Auxerre, dans le département de la Nièvre, aux forges de Corbelin et dans celles voi-
sines qui avoisinent Donzy. Dans le district de Saint-Fargeau
existent trois forges « qui approvisionnent de fer au moins
cent communes » : la forge dite le Moulin-Folin, commune
de Saint-Martin, dirigée par Edme Gentil ; la forge dite le
Moulin-Chapon, commune de Saint-Privé, dirigée par Paul le
Chapt ; la forge de Tannerre, dirigée par C. C. Malet. Dans le
district de Tonnerre, « la forge et le fourneau d'Aisy sont
avantageusement situés pour le cours d'eau et pour les
mines et charbons ». « Avis aux ouvriers en fer sur la fabrication de l'acier, publié par ordre du Comité de Salut public »
(Arch. 4320).
An II, 30 germinal-4 nivôse. Défaut de fonte pour alimenter la forge
du c. Genty (16 pluv.) (Arch. L. 841).
An II, 4 frimaire. Renseignements sur les forges de Saint-Martin-des-
Champs, Saint-Privé et Tannerre (Arch. L. 850).
An II, 1er floréal. An III, 9 brumaire. Mesures prises pour alimenter
la forge de Tannerre (Arch. L. 842).
An III, 12 vendémiaire. Arrestation d'un particulier de Cry pour

---

(1) Ch. Porée, *Arch. de la Révolution*.

refus de charroyer du charbon à l'usine du c. Humbert, maître de forges à Aisy.

An III, 24 vendémiaire-18 germinal. Sur la requête du c. Perreau, chargé par le Comité du Salut public de rechercher les mines de fer...

« Considérant que les vestiges de forges, tels que laitiers, sont des preuves incontestables qu'il a existé autrefois des forges dans leur voisinage et qu'il est hors de doute que par cette raison il doit y exister des mines de fer, mais qu'il y a aussi une immensité de laitiers dans le canton de Toucy et dans les districts de Joigny et Lepeltier qu'on ignore absolument l'époque où l'activité des forges qui les ont produits a cessé; que ce qui a fait cesser les forges c'est sans doute le renchérissement du bois, occasionné par l'étendue de la consommation de la commune de Paris, et que cette cause naturelle serait aujourd'hui plus que jamais un obstacle insurmontable au rétablissement de plusieurs » arrête que la demande du C. Perreau ne peut être prise en considération (Arch. L. 762).

*Dix-neuvième siècle*

1847. A cette date, on abandonna l'exploitation des minerais de fer du territoire d'Etivey, de Châtel-Gérard qui, pendant 300 ans, avaient alimenté les hauts-fourneaux d'Aisy et de Buffon (1).
1852. Vers cette date fin du fonctionnement du haut-fourneau dans l'Yonne.

De l'examen des documents écrits ci-dessus, il ressort que l'exploitation du fer a constitué longtemps les revenus du Clergé et de la Noblesse. A partir de la fin du xve siècle des maîtres de forges ne sont plus que des industriels.

Guérin Jolibois fut longtemps maître de forge à Lompy, puisque nous le voyons paraître dans un acte de 1492, puis dans un autre de 1547, toujours maître de forge, soit 55 ans après.

### NOMS DES PROPRIÉTAIRES DE FONDERIES
#### ET DES MAITRES DE FORGES CONNUS AYANT EXISTÉS DANS L'YONNE

Abbaye de Pontigny.
Abbaye de Vauluisant.
Châtellenie de Villemaur.

---

(1) V. Raulin, *Catalogue de la collection des roches du département de l'Yonne*, Bull. Soc. Sc. de l'Yonne, 1858, p. 380.

Gilles de Cloies, bailli de Puisaie (Saint-Fargeau).
Lambert Pierron (Saint-André-en-Terre-Plaine).
Châtellenie de Villefolle et de Rousson.
Pierre Mylon (Donzy, de Saint-Martin-sur-Ouanne).
Jean Rémy, seigneur de Fossemore (Fossemore, commune de Theil.
Commanderie de Launay (Theil).
Jehan de Pesme, écuyer (Fossemore, commune de Theil, et Préaux,
commune de Chaumot).
Seigneurie de Senan.
Martinet-Duchesne (Sougères-sur-Sinotte).
Simon Tissier (Sougères-sur-Sinotte).
Guérin Jolibois (Lompy et Champigny-sur-Saint-Aubin-Châteauneuf).
Jean Frémy (Tannerre).
De Sallazard, archevêque de Sens (Saint-Julien-du-Sault).
Etienne Marchand (Mothe-lez-Sainct-Privé).
Hubert Gaillier (Crain).
Colas Mercier (Précy-sur-Joigny).
Jean Balthazard (Saint-Julien-du-Sault).
Pierre Balthazard (Saint-Julien-du-Sault).
Nicolas le Beau ? (Coulours).
Etienne de Cloan ? (Sougères-sur-Sinotte).
Pierre Lévesque (Villiers-Vineux).
Etienne Maulduit (Champeaux).
Jean Constant (Saint-Martin-des-Champs).
Abbaye de Vézelay (Marot, près de Brosses).
François Clérembaut (Nuits-sous-Ravière).
Edme Gentil (moulin de la Forge Folin, Saint-Martin-des-Champs).
Paul le Chapt (Saint-Privé).
C. Malet (Tannerre).
Humbert (Aisy).


### ANCIENNES FORGES SIGNALÉES DANS LE DICTIONNAIRE TOPOGRAPHIQUE DE L'YONNE (1)


La Forge-Neuve, sur l'Ouanne, près de Toucy.
La Forge, commune de Saint-Martin-des-Champs.
La Forge, commune de Bléneau, sur le Loing.
La Forge, commune de Malicorne.
La Forge, à Tannerre, sur le Branlin.
Les Forges de Lompy, près de Saint-Aubin-Châteauneuf.
La Forge, près de Saint-Julien-du-Sault.
La Forge d'Escamps.

------

(1) Max. Quantin.

La **Petite** Forge de Champignelles. (Ajoutons qu'à Champignelles cinq forges ont existé à peu de distance de Champignelles : une au pont de fer, une au moulin de la Forge, une au moulin du Marteau, une appelée la Forge de Vau, sous l'étang de Villars, et la dernière vers Villeneuve-les-Genêts) (1).

La Forge d'Aisy, commune d'Aisy. (En 1859, il n'y avait plus qu'un patouillet servant à laver la mine) (2).

La Forge-Neuve, commune de Dracy.

La Forge de Sainte-Colombe, commune d'Ancy-le-Franc.

La Forge ou Fossemore, commune de Theil.


RENSEIGNEMENTS DIVERS SUR L'EMPLACEMENT DES ANCIENNES FORGES SITUÉES DANS LES VALLÉES ET INSCRITES SUR LA CARTE DE CASSINI

La Forge, près de Saint-Julien-du-Sault.

Le Grand Moulin des Claudins ou de Lompy, près de Saint-Aubin-Châteauneuf.

Le Moulin de la Forge-Neuve, près de Dracy.

Le Foulon de la Forge, près de Grand-Champ.

Le Foulon de la Forge, près de Saint-Martin-sur-Ouanne.

La Forge, près de Malicorne ; en remontant, un lieudit la Forge ; plus haut le Marteau.

Le Moulin de la Forge, près de Saint-Maurice-sur-l'Averon (Loiret).

Les Forgerons, à droite de Marchais-Beton (canton de Charny) ; puis les Forges.

La Motte-de-Forges située sur le plateau proche Thorrailles (Loiret), (la situation de cette forge sur une hauteur reste exceptionnelle).

Forges sur le ruisseau de Baulches à Villefargeau, à Monéteau.


AUTRES FORGES CONNUES D'APRÈS LES DOCUMENTS CI-DESSUS ÉNONCÉS

Forge de Saint-Fargeau.

Forge de Donzy, commune de Saint-Martin-sur-Ouanne.

Forge de la Motte de Senan.

Forge de Préaux (Chaumot).

Forges de Sougères-sur-Sinotte.

Forge de Crain.

Forge de Précy, près Joigny.

Forge de Villiers-Saint-Benoît.

---

(1) Déy, *Études hist. sur la ville de Champignelles*, Bull. Soc. Sc. de l'Yonne, 1848, p. 13.

(2) E. Petit, *Châtellenie de Châtel-Gérard*, Bull. Soc. Sc. de l'Yonne, t. XIII, p. 375.

Forge de Bréau, commune de la Villotte.
Forges de Saint-Eusoge, commune de Bléneau.
Forge de la Mothe-lez-Sainct-Privé.
Forge de Dillo.
Forge de Villiers-Vineux.
Les Forges au sud-ouest de Chambeugle.
Le Fourneau de Champeaux.
Forge de Marot.
Forge de Querise vers Pierre-Perthuis.
Forge d'Avigneau.
Forge de Douchy, près Villefranche-Saint-Phal.
Forge de Nuits-sur-Armançon.
Forge de Champlost, canton de Joigny.
Forge de Saint-Privé.
Fourneau de Vauluisant.
Fourneau de Pontigny ? (Vraisemblablement).

Ajoutons les forges de Frangey, Cussy-les-Forges, de Cusy ; La Forge, près d'Andryes, de Jully, de Lézinnes.

Nous arrivons ainsi au nombre de 48 localités de l'Yonne ayant donné jusqu'alors des traces de l'existence de forges et de fonderies dès le XIIe siècle.

## INDEX ALPHABÉTIQUE